AF285706

KLARTEXT

Bildnachweis:
Adobe Stock: eyewave: 9, inyNAGASAKI: 19, Udo Kruse: 14/15, nikitamaykov: 7,
Gabriele Rohde: 64/65, venemama: 29; DSM/Niels Hollmeier: 69, DSM/Steffen
Spielke: 71; IMAGO: AGB Photo: 95, agefotostock: 96, 110/111, alimdi: 74, Arkivi: 43,
46, 85, Michael Bahlo: 116, blickwinkel: 59, epd: 98, Imagebroker: 54, 61, 87,
Jens Koehler: 63, Leemage: 48/49, McPHOTO/F. Scholz: 57, Norbert Neetz: 30,
Werner Otto: 90, Panthermedia: 89, Schöning: 13 o., 20, 23, 76, Eckhard Stengel: 53,
68, 78, 79, 84, 103, Bettina Strenske: 26, 27, H. Tschanz-Hofmann: 92, ZUMA/keystone:
101, ZUMA Wire: 86. Alle anderen Fotos stammen vom Autor Andreas Rumler.

Meiner Frau,
der Hanseatin h. c. Jutta Zöllner-Rumler,
mit Dank gewidmet

Bibliografische Information der Deutschen Nationalbibliothek
Die Deutsche Nationalbibliothek verzeichnet diese Publikation in der Deutschen
Nationalbibliografie; detaillierte bibliografische Daten sind im Internet über
portal.dnb.de abrufbar.

Impressum
1. Auflage März 2022
Layout und Satz: Medienwerkstatt Kai Münschke, Essen, www.satz.nrw
Umschlaggestaltung: Guido Klütsch, Köln
Lektorat/Redaktion: Sibylle Brakelmann
Umschlagabbildungen: Adobe Stock/jawiedenn (Leuchtturm Umschlagrückseite),
IMAGO/Eckhard Stengel (Loriot-Bank), IMAGO/blickwinkel (Stadtmusikanten),
IMAGO/Norbert Neetz (Roland), IMAGO/ Bettina Strenske (Karneval)
Autorenbild vordere Klappe: privat

Druck und Bindung: Linsen Druckcenter GmbH, Siemensstraße 12–14, 47533 Kleve

© Klartext Verlag, Essen 2022
ISBN 978-3-8375-2434-5

KLARTEXT   Jakob Funke Medien Beteiligungs GmbH & Co. KG
Jakob-Funke-Platz 1, 45127 Essen
info.klartext@funkemedien.de
www.klartext-verlag.de

Andreas Rumler

Bremen

**Populäre Irrtümer
und andere Wahrheiten**

Inhalt

· · · · · · · · · · · · · · ·

Zum Geleit

Bremens Charme besteht darin, dass diese quirlige Metropole sich stets neu erfand, auf eine über tausendjährige Geschichte zurückblickt und sich treu blieb, indem sie sich änderte. Als Hafen war Bremen offen und bereit, Waren und Anregungen aus aller Welt zu empfangen, auch zu veredeln – eine Erfolgsstory.

Das einzige Zwei-Städte-Land der Bundesrepublik liegt rund 60 Flusskilometer von der Nordsee entfernt: Entlang 38 Kilometern des Flusslaufs sowie rund 16 Kilometer zu beiden Seiten der Weser umfasst es etwa 325 Quadratkilometer.

Bremen vermochte, sich aus religiösen Kämpfen herauszuhalten. Historische Stadtansichten belegen, dass die Silhouette sich nur geringfügig änderte. Mehrfach wurde der Hafen verlegt. Während aber andere „See"-Städte Bedeutung einbüßten, gelang es Bremen, seine Position zu behaupten. Autoproduktion, Luft- und Raumfahrt bilden heute wichtige Wirtschaftsfaktoren.

Bereits 1450 wurde im Katharinenkloster eine „Theologische Fakultät" eingerichtet. Dank der Reformation wurde diese frühe Universität städtisch, eine Chronik berichtet: „Anno 1528 is tho Bremen ein frey Schole angerichtet dorch den erbaren Radt." Seit 1971 gibt es die „Uni Bremen" und seit 2001 die private, aber staatlich anerkannte Wissenschaftliche Hochschule „Jacobs University".

Ideal verbinden sich hier die Vorzüge einer Großstadt von globalem Flair mit denen einer attraktiven Heimat. Das kulturelle Leben blüht. Noch wohnt das Literaturhaus digital, es wird eine Immobilie beziehen. Wir kannten als Kinder unseren begrenzten Kosmos. Aber hier machten ausländische Großsegler wie die „Christian Radich" fest. Wir Jugendlichen durften wie alle Bürger das Schiff „entern" und kamen mit den Matrosen ins Gespräch. Hanseaten waren Weltbürger, bevor dieser Begriff aufkam. Aus Liebe zu dieser kleinen großartigen Welt ziehen wir gerade nach Bremen zurück.

Zahlen & Fakten

Älteste Spuren: Werkzeuge seit der Steinzeit

Gründung: Weihe des Doms 789

erwähnt: als Missionsgebiet zur Ost-Kolonisation ab dem 8. Jahrhundert. Massaker an Sachsen im „Blutbad von Verden" 782

Name: seit dem 9./10. Jahrhundert als Brema, Bremae, Bremun überliefert von brem aus dem Altsächsischen oder Mittelniederdeutschen als Einfassung, Rand eines Landes, Gewässers oder einer Düne

Stadtrecht: seit dem Gelnhauser Privileg Kaiser Friedrich Barbarossas von 1186 Reichsstadt, Reichsunmittelbarkeit durch das Linzer Diplom 1646 von Ferdinand III.

Hanse: seit 1260 Mitglied des Bundes

Einwohnerzahl: rund 675.000

Fläche: 325,56 Quadratkilometer

Besonderes Merkmal: Bremen bildet mit Bremerhaven als einziges Bundesland einen Zwei-Städte-Staat.

Feste: Bremer Freimarkt (seit 1035), die Schaffermahlzeit (seit 1545), die Bremer Eiswette (seit 1829) und Samba-Karneval (seit 1986)

Höhe: 11 Meter über NHN (am Dom)

Lage: Breite 53° 4' 30 N, Länge 8° 48' 27 E

Der „Rote Sand"

· ·

Umtost von der Nordsee bildet ein Turm eines der eindrucks-vollsten Wahrzeichen Deutschlands. Seefahrer aller Kontinente kennen ihn in den Farben der Hanse: weiß und rot mit seinen mar-kanten drei Erkern. Als letzten Abschiedsgruß einer unwirtlich gewordenen Heimat erlebten Auswanderer den 1885 in der Deut-schen Bucht als erstes Offshore-Bauwerk weltweit errichteten Leuchtturm „Roter Sand".

Notgedrungen flohen sie vor Armut und Unterdrückung aus Klein-staaten, deren Fürsten „von Gottes Gnaden" zwar großmütig Ver-besserungen zusagten – vor allem wollten sie Kriege führen –, diese Verspechen aber ebenso rasch vergaßen und stattdessen auf die Moral der Hohenzollern setzten: „Gegen Demokraten hel-fen nur Soldaten", wie es der spätere Kaiser Wilhelm I. mit preußi-schem Charme formulierte. Da war es sicherer, sein letztes Gut zu verhökern und „Miss Liberty" entgegenzuschippern, die seit 1886 vor New York Freiheit und Gerechtigkeit symbolisierte.

In den Untiefen der Wesermündung sicherten um 1875 Feuer-schiffe die Fahrrinne. Trotzdem kam es immer wieder zu Havarien. Deshalb beschlossen Bremen und die übrigen Weseranrainer, zusätzliche Maßnahmen zu ergreifen. Statt für ein weiteres Feuerschiff entschied man sich für einen Turm auf einer der Sandbänke. Bei Niedrigwasser ragt er 30 Meter empor. Den Zuschlag nach einer nationalen Ausschreibung erhielt eine Bremer Firma, ihr Angebot war günstiger als das der Duis-burger Konkurrenz.

Versorgung auf hoher See mit allen Gütern des täglichen Bedarfs

Schutzpatron mit „spitzen Knee"

Seit 1404 in Stein gemeißelt, bewaffnet mit einem Schwert, steht er unter dem Baldachin. Genau wie die Kurfürsten und der Kaiser an der Rathausfront symbolisiert er Souveränität und Macht dieser kleinen Stadtrepublik: der „Roland mit de spitzen Knee" und repräsentiert die Freie und Hansestadt. Öfter war er ernsthaft bedroht.

Natürlich ging es dabei um die Freiheit der Stadt: realiter und symbolisch. Denn angeblich, wenig hält sich so hartnäckig wie Legenden, soll deren Autonomie nur so lange bestehen, wie ihr stolzer Ritter über sie wacht. Er wurde 2004 gemeinsam mit dem Rathaus von der UNESCO zum Weltkulturerbe erklärt.

Allein seine Position: leicht schräg, den Blick triumphierend auf den Dom gelenkt, eben nicht an der strengen Symmetrie der Rathausfront orientiert, belegt, gegen welche Bedrohung der immerhin gut fünf Meter große Held gerichtet war, schützend Schwert und Schild hält. In modernes Deutsch übersetzt verkündet er seit über einem halben Jahrhundert: „Freiheit tu ich Euch offenbaren. Die Karl und mancher Fürst fürwahr dieser Stätte gegeben hat." Imposant trotzt dieses Monument der Kirche, insgesamt gut zehn Meter hoch, wohl das größte, älteste und kunsthistorisch bedeutendste unter den überlieferten Rechtssymbolen dieser Art aus dem Mittelalter. Einflüsse von Kölner oder böhmischen Bauhütten lassen sich nachweisen. Nur dass angeblich Karl der Große Bremen seine Freiheitsrechte gewährte, ist ebenso wenig belegt wie die berühmte „Konstantinische Schenkung". Offenbar lassen sich der Fantasie kaum Grenzen setzen, gilt es, Besitzansprüche zu legitimieren.

Gedungene Schergen des Bischofs Albert II. schlichen klammheimlich in der Nacht vom 28. auf den 29. Mai 1366 herbei, stürzten den damals noch hölzernen ersten Roland aus den 1340er Jahren um und verbrannten ihn – ein kleiner Putschversuch des Vatikans gegen Bremens Selbstbestimmung. Doch der Rat legte Wert auf seine Autarkie, ließ noch vor dem Baubeginn des Rathauses den neuen, steinernen Roland errichten. Zwei Steinmetze, Claws Zeelleyher und Jacob Olde, erhielten dafür 170 Bremer Mark, wohl selten nur war Freiheit so günstig zu haben. Der Sage nach hat Bremens Senat fortan stets einen Roland als Reserve im Ratskeller verwahrt, in guter Gesellschaft also. Dort thront inzwischen ein Bacchus auf seinem Fass.

Auch unter Napoleons Herrschaft geriet der Roland in Gefahr. Wie den Bischöfen war auch Frankreichs Kaiser dieses Freiheits-

So sieht man ihn aus den Rathaus-Arkaden: den Schutzpatron der Bürger.

symbol suspekt, deshalb wollten sie es beseitigen. Bremen wurde zu einem Verwaltungssitz des französischen Reiches degradiert, des Departements der Wesermündung mit einem Maire an der Spitze. An der Stelle des Rolands sollte eine Markthalle errichtet werden. Doch dazu kam es nicht. Es wäre auch deshalb schade gewesen, weil der Abstand der beiden Kniespitzen dem Maß der eigenen Bremer Elle entspricht und Händlern sowie Kunden zur Überprüfung ihrer Geschäfte diente. Im Mittelalter war es üblich, öffentliche Maße am Markt anzubringen.

Wohl ins Reich der Legenden ist die Erzählung zu verweisen, fromme Katholiken hätten während der Bombardierungen im Zweiten Weltkrieg den Himmel angefleht, er möge endlich dieses Freiheitsdenkmal beseitigen. Um Schäden am Stadtheiligen zu vermeiden, hatte der Senat ihn zu Beginn des Luftkriegs solide einmauern lassen. Bevor man ihn sicher verbunkerte, wurde er noch restauriert und dabei brachte die Gauleitung in der Statue eine Kassette mit Nazi-Devotionalien unter für die nächsten tausend Jahre

des Reiches. Was für die Ewigkeit gedacht war, kam bereits bei den folgenden Erneuerungen in den 1980er Jahren ans Licht: Der empfindliche Kalk- und Sandstein bröckelte und musste dringend saniert werden. Seitdem ist der originale Kopf im Focke-Museum zu bewundern. Und Roland blickt weiterhin stolz und trotzig auf den ehemaligen Bischofssitz.

Lästig werden ihm in letzter Zeit nur noch Luftverschmutzung und Liebesschlösser am Schutzgitter. Einmal im Jahr zeigt der strenge Herr demonstrativ Herz: Wenn die Schausteller und Schornsteinfeger ihn mit einem überdimensionalen „Lebkuchen" schmücken: „Ischa Freimaak".

In Bremen sind auch Helden für Überraschungen gut …
Mitunter sogar … Volks-Festlich

Wahrzeichen Bremens?

Weltweit dürfte das tierische Quartett das markanteste Markenzeichen Bremens darstellen. Allein, warum eigentlich? Weder kamen sie daher oder waren Hanseaten noch erreichten sie die Stadt. Bremen war lediglich das erklärte Ziel. Dort musizierten sie niemals. Nicht einmal die Autoren, die ihre Geschichte aufzeichneten, waren hiesige Bürger oder schrieben die Erzählung an der Weser auf. Dafür findet man ihre Denkmäler an mehreren Stellen in Bremen, in Souvenirläden sowieso. Man muss halt daran glauben, dass sie Bremer sind. Der Glaube versetzt allerlei. In Jerichow Mauern. In Bremen Musikanten.

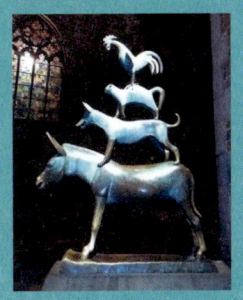

Fast überall begegnet man ihnen in der Stadt.

Bremens bekanntester Botschafter

Weltweit wohl assoziiert man ihn mit Bremen: den Roland. Nicht nur auf unzähligen Postkarten, Selfies, Münzen und Briefmarken lässt sich der standfeste Ritter gern bewundern. Stammtische und Schiffe sind nach ihm benannt, es gibt auch mehrere Hundert ähnlicher Rolande rings um den Globus.

Die Zahlen schwanken je nachdem, ob man nur existierende oder auch bezeugte Monumente einbeziht, nur Symbole städtischer Freiheit wie in Bremen gelten lässt oder auch ritterliche Statuen anderer Art. Bereits wohl seit 1602 ziert eine frei nachempfundene Skulptur einen Brunnen in Bederkesa, das damals zu Bremen gehörte. Auf dem Neuen Markt in der Bremer Neustadt befindet sich der „Kleine Roland" ebenfalls als Brunnenzierde von 1737. Kriegerischen Zwecken des Kaiserreichs diente der „Eiserne Roland",

Hoch zu Ross sitzt der Kollege in Haldensleben.

eine hölzerne Nachbildung. Sie stand 1915 bis 1918 im Eck zwischen Altem und Neuem Rathaus. Wer für ein Bremer Soldatenheim spendete, durfte in die Figur einen Nagel schlagen.

Da Bremen ein Auswandererhafen war, steht eine etwa 1,50 Meter große Holzfigur des Rolands in der Zionskirche im New Yorker Stadtteil Brooklyn. Sie war 1890 ein Geschenk der Stadt Bremen an ehemalige Bürger. Als Namenspatron der brasilianischen Stadt Rolândia, sie wurde 1932 von deutschen Auswanderern gegründet, fungierte der Freiheitsheld und so war es nur konsequent, dass Bremer Kaffeehändler dem Ort 1957 eine etwas verkleinerte Nachbildung des Bremer Rolands stifteten. Und die Stadt Bremen schenkte der Stadt Quito zum 445-jährigen Jubiläum eine verkleinerte Nachbildung ihres Rolands, der heute an der Avenida Amazonas steht.

Mittlerweile ist der stolze Heros auch in Vergnügungsparks abgestiegen. So ließ der Japaner Atsuo Nishi 1970 in seiner Freizeitanlage in Obihiro auf Hokkaidō eine Kopie aufstellen als Teil einer größeren Märchenstadt mit Nachbildungen verschiedener deutscher Figuren. Seit 2004 ziert eine Miniatur den Roland-Park in der Nähe der Stadthalle von Belgern im Freistaat Sachsen – dort lässt sich trefflich flanieren und meditieren: inmitten verkleinerter Rolande über die Bedeutung von und den mühsamen Kampf um Freiheit.

Machtsymbol in filigraner Renaissance

Wenn eine Freie und Hansestadt an der Front ihres repräsentativsten Bauwerks die Kurfürsten samt Kaiser aufmarschieren lässt, edel in Stein gemeißelt und mit Baldachinen überkrönt, darf man das wohl als ein politisches Programm werten. Gegen den Statthalter des Vatikans, nebenan residierte er und präsentierte im Dom seine Macht: der katholische Bischof.

Seit 2004 sind Rathaus und Roland Weltkulturerbe der Menschheit. Völlig zu Recht. Denn es ist in seiner Eleganz und gediegenen Schlichtheit, dem Fantasiereichtum seiner Steinmetzarbeiten als pragmatisch angelegter Zweckbau und dominantes Machtzentrum wohl eines der eindrucksvollsten Rathäuser im Raum der Hanse und ein einsamer Höhepunkt nordeuropäischer bürgerlicher Architekturkultur.

Ursprünglich stand Bremens Machtzentrum etwas weiter nordwestlich: Der romanische Bau erhob sich an der Ecke Obernstraße/Sögestraße. Urkunden von 1229 bezeichnen ihn als „domus theatralis" und ab 1251 als „domus consulum". In dem Maß, wie sich die Bürgerschaft gegenüber dem katholischen Landesherrn behauptete, wuchs auch das Repräsentationsbedürfnis und der Rat beschloss, einen gotischen Neubau direkt im Zentrum zu errichten, demonstrativ gegenüber dem Dom, zwischen dem Marktplatz und dem bischöflichen Palatium: eine Demonstration städtischen Selbstbewusstseins. Deshalb waren seine Hallen ein paar Spannen länger und breiter als die große Halle im Erdgeschoss des Bischofspalais. Nach dessen Vorbild setzte man sogar die Eingänge an die Schmalseiten statt direkt dem Markt zugewandt, wie es üblich war. So geschehen in den Jahren 1405 bis 1410.

Lüder von Bentheim schuf 1608 die Fassade der Weserrenaissance, orientiert an Motiven aus den Niederlanden. Mythische und Fabelwesen zieren die Längsfront. Besonders apart ist eine weibliche Allegorie der Reformation, stolz hält sie einen Reichsapfel in der Linken. Sie sitzt oder reitet auf einem kriechenden Papst, entwendet ihm das Schwert als Attribut weltlicher Macht. Sein päpstliches Kreuz mit drei Querbalken ragt dem Kirchenfürsten aus dem Gesäß. Unterstützt wird sie von einem Löwen. Hier überwindet eine Frau den frauenfeindlichen Charakter päpstlicher Moral – bis heute ungeheuer aktuell. An anderer Stelle: Lustbetont und mit Vergnügen amüsiert sich Poseidons Sohn Triton. Ein antiker Gott als sinnenfroher Mensch, auch er ein Gegenentwurf zur vatikanischen Ethik der „heiligen Inquisition". Im Rahmen der Umgestaltungen des 16. und 17. Jahrhunderts mussten auch die Propheten als Symbole christlicher Ideologie weichen, man übermalte ihre Spruchbänder und deutete sie als Philosophen: als Platon, Aristoteles, Demosthenes und Cicero.

Weil die Bischöfe ab Mitte des 14. Jahrhunderts wegen der Spannungen mit dem Rat meist in ihrem Schloss in Bremervörde residierten, wurde das Palatium als Amtssitz des katholischen Stadtvogts genutzt. Dank des Westfälischen Friedens und der

Seit Beginn des 15. Jahrhunderts
Zentrum der Macht

Säkularisation kam das Gebäude 1648 in schwedischen Besitz. Durch den Reichsdeputationshauptschluss von 1803 fiel es an die Stadt und 1818/19 wurde auf seinen Fundamenten das Stadthaus errichtet. Auch das genügte bald wachsenden Ansprüchen nicht mehr und wurde von 1909 bis 1913 durch einen Anbau erweitert: das Neue Rathaus. Ziel war, einen Neubau zu entwickeln, der harmonisch mit dem historischen Teil verbunden ist.

Kunsthistorisch bedeutsam sind die Innenräume. Bereits die große untere Halle des Alten Rathauses lohnt mit einer Reihe schöner Portale des 16. und 17. Jahrhunderts und der gewendelten Treppe einen Besuch. Als Festsaal einer durch Handel und Seefahrt reich gewordenen Republik ist die obere Halle darüber dekoriert und mit Modellen von Orlogschiffen – schwer bewaffneten gepanzerten Schiffen zum Schutz von Konvois – geschmückt, deren Geschütze sogar abgefeuert werden konnten. Angeblich sollen bei ihrem Einsatz zu festlichem Anlass zum Gaudium der Ehrengäste die Fensterscheiben des Schüttings gegenüber geborsten sein. Mit seinen imponierenden Dimensionen – 41 Meter lang, 13 Meter breit und 8 Meter hoch – gehört er zu den größten profanen Sälen des Mittelalters, der ohne Stützen konstruiert ist. Das historische Ratsgestühl aus der Zeit um 1410 wurde, wie andere Ausstattungsteile auch, im Lauf der Jahrhunderte entsorgt. Das schmerzt den Rat und besonders die Fremdenführer – hörbar bis heute …

Übrig blieben genug Kostbarkeiten: reich verzierte Portale der Nordwand oder die Balkendecke mit ihren Kaiserbildern. Auch sie bilden wieder ein politisches Programm, erinnern an das Rechtsverhältnis Bremens zum Reich. Deshalb nahm es der Künstler mit den physiognomischen Details nicht so genau. Nicht ohne Grund nannte der Schriftsteller Rudolf Alexander Schröder die obere Halle das „Heiligtum bremischen Bürgerstolzes". Prachtvollen Glanz verleihen dem Raum auch die gewaltigen Leuchter, einer zeigt den kaiserlichen Doppeladler und den Bremer Schlüssel. Als besondere Pretiose fällt die zweigeschossige Güldenkammer ins Auge mit ihrem reichen Schnitzwerk und Figurenschmuck, flankiert von der üppig dekorierten Wendeltreppe.

In Jahrhunderten gewachsenes hanseatisches Selbstbewusstsein: die Obere Rathaushalle mit Renaissance-Portalen, Gemälden und der Güldenkammer

Bereits für 1688 ist der Name Güldenkammer belegt, die 1605, wahrscheinlich auf Grundlage von Plänen Lüder von Bentheims, in die obere Halle eingebaut wurde. Diese „nye utlucht" war mit kostbarem Mobiliar und Glasgemälden ausgestattet – auch davon ist fast nichts erhalten. Der Bremer Künstler Heinrich Vogeler erhielt 1905 den Auftrag, diesen recht intimen Festraum im Geschmack des Jugendstils zu gestalten. Dazu entwarf er alle Details: vergoldete Ledertapeten, Täfelungen, Intarsien, Türgriffe, Kamingitter, Leuchter, Teppiche sowie das Mobiliar. Als vollständig erhaltenes Ensemble des Jugendstils hat der Raum die Zeiten überdauert.

Nachdem das Rathaus Kriege und Bischöfe überstanden hatte, war es einmal ernsthaft bedroht. In den frühen Morgenstunden des 29. September 1964 kollidierten zwei Straßenbahnzüge, einer entgleiste und rammte eine Säule der Rathausarkaden. Für einige Stunden bestand die Gefahr, dass die Rathausfront einstürzen könnte: der drei Meter tiefe gotische Laubengang mit elf Jochen und dem Mittelrisalit darüber. Zum Glück sind Bremens Straßenbahnen recht solide konstruiert, deshalb hielt der Wagen vorübergehend als Ersatz der geborstenen Säule, Bauarbeiter und Feuerwehrleute sicherten die Balustrade und anschließend ließ sich der Wagen zentimeterweise bergen.

Der Blick die Treppe hinab

„Unterirdischer Bacchustempel"

Über eine Treppe erreicht man einen besonders interessanten Teil des Rathauses: den Ratskeller. Seit 1405 werden dort Weine gelagert und verkauft. Damit gehört er zu den ältesten Weinkellern Deutschlands. Bereits 1330 hatte sich der Bremer Rat das Privileg zum Weinausschank gesichert, um Preise kontrollieren und Steuern eintreiben zu können.

Über 5.000 Quadratmeter groß ist der gesamte Komplex, reicht über das Alte und Neue Rathaus hinaus bis unter den Liebfrauenkirchhof und den Domshof. Besondere Highlights bilden barocke Prunkfässer, allen voran aber das Bacchusfass. Adolph Franz Friedrich Ludwig Freiherr von Knigge – als Hannoveraner Oberhauptmann weilte er hier, weil das Herzogtum Bremen damals diesem Kurfürsten unterstellt war – rühmte den Raum als „unterirdischen Bacchustempel". Als Rolands Bruder im Geist thront Bacchus triumphierend als beseligter Gott auf seinem Fass und preist bürgerliche Freiheiten sowie den Genuss göttlicher Tropfen.

Hier lagert der älteste Fasswein Deutschlands, ein Rüdesheimer aus dem Jahre 1653. Zu ihm gelangt man durch den „Apostelkeller" mit zwölf antiken Fässern, benannt nach den Jüngern Jesu. Köln besitzt einen Dreikönigsschrein, aber was ist das schon gegen einen Keller voll trinkbarer „Apostel"?

Über Jahrhunderte wurde hier kein Bier ausgeschenkt. Puristen gehobener kulinarischer Vergnügungen von Rhein und Mosel mögen bedauern, dass inzwischen mit der Demokratie auch der Hopfentrank Einzug halten konnte. Allein, es entspricht dem Charakter der Großen Halle, dass dort Bürger nach oder vor ihren Einkäufen sich stärken und auch volkstümliche Getränke konsumieren. Lange bestellte man einen Schoppen Rhein oder Mosel – genaue Lagen oder Winzerorte wurden nicht verraten –, stellte Taschen und Einkaufstüten neben den Tisch und plauderte mit

Blickfang seit Jahrhunderten: eines der Prunkfässer

anderen zufällig anwesenden Gästen. Der Ratskeller dürfte lange Zeit das einzige Lokal der Innenstadt gewesen sein, in dem ein für hanseatische Verhältnisse so ungezwungenes Miteinander von Gästen verschiedener Schichten möglich war, dass eine Marktfrau mit Akademikern ins Gespräch kam.

Freilich gibt es auch die sechs „Priölken", kleine Séparées mit ovalen Tischen am Rand, aber deren Türen werden nur geschlossen, wenn mehr als zwei Gäste anwesend sind. Wichtige Ereignisse feiert man im Ratskeller. Das sahen auch mein Vater und mein Bruder so und deshalb zeige ich gern Gästen den Tisch, an dem sie auf meine Geburt anstießen. Leider allein, aber Mutter und ich lagen im Krankenhaus und die beiden wollten keine Zeit verlieren. Es handelte sich um eine Art „Nottaufe". Wilhelm Hauff zechte hier und fabulierte seine „Phantasien im Bremer Ratskeller", die dann Max Slevogt zu farbenfrohen Fresken inspirierten: als optisches Echo von Bacchus' Gesängen herab von seinem Fass.

Einem Ondit zufolge soll das Verfahren eines „Konklave" in Bremen erfunden worden sein. Konnten die Ratsherren sich einmal nicht einigen, wurden sie im Ratskeller so lange lediglich mit Brot und Wein versorgt, bis sie eine Lösung fanden. Man munkelt, diese „Strafe" hätten die Herren selbst erdacht. Als fromme Mär oder Irrtum ist aber wohl die Überlieferung zu werten, der Vatikan hätte diesen Begriff aus der auch als „Rom des Nordens" gerühmten Hansestadt übernommen.

Der Herr des Hauses thront auf seinem Fass.

Der Schütting

Von Machtkämpfen innerhalb der Bürgerschaft zeugt ein weiteres architektonisches Juwel am Markt: der Schütting, das Haus der Kaufmannschaft. Weil im Rathaus lange Zeit traditionell Grundbesitzer die Politik bestimmten, wollten die reichen Großkaufleute ihre Macht dokumentieren und errichteten 1537 bis 1538 durch den Antwerpener Baumeister Johann den Buschener ihr Gildehaus gleich gegenüber.

Mit der „Ordinantie" von 1451 gab es eine Satzung der Bremer Handelsherren, die ihr Verhalten regelte. Diese „Verfassung" gilt als Gründung der Bremer Handelskammer, die bis zum Jahre 1849 als „Collegium Seniorum" bezeichnet wurde. Inzwischen vertritt die Handels-

Dem Rathaus gegenüber behauptet die Kaufmannschaft ihre Position.

kammer die Kaufmannschaft. Ähnliche Einrichtungen mit Namen „Schütting" gab es auch im norwegischen Bergen (Scotting) sowie in Lübeck, Lüneburg, Oldenburg, Osnabrück und Rostock.

Da die Kaufleute Kaffee in die Stadt brachten, gilt es als wahrscheinlich, dass hier 1673 die erste Kaffeestube im deutschsprachigen Raum eingerichtet wurde, ab 1679 ist sie urkundlich belegt. Mehrfach umgebaut hat der Schütting seinen Charakter der späten Gotik und Renaissance bewahrt und dokumentiert bis heute den Einfluss von Handelskammer und Kaufmannschaft.

Haus Seefahrt

Weil Seefahrt stets mit Gefahren verbunden war, kam früh in den Hansestädten die Idee auf, in Not geratenen Mannschaften und ihren Familien zu helfen. Deshalb wurde 1401 – just in dem Jahr, als man Störtebeker in Hamburg enthauptete ... – in Lübeck die St.-Nikolaus-Bruderschaft gegründet. Deren Aufgaben nennt die Gründungsurkunde: „Zu Hilfe und Trost der Lebenden und Toten und aller, die ihren ehrlichen Unterhalt in der Schifffahrt suchen." In Stralsund bildete man 1488 die Schiffercompagnie.

Und in Bremen entstand 1545 die Hilfskasse der „Armen Seefahrt". In ihrem „Haus Seefahrt" konnten „Prövener", verarmte Seeleute, zwar bescheiden, aber ohne Not ihren Lebensabend verbringen. Nach mehreren Kriegen und Umzügen befindet sich der „Seefahrtshof" jetzt in Grohn und beherbergt Ehepaare, Kapitänswitwen sowie Kapitäne. Das Hilfswerk besteht bis heute und richtet seit damals die jährliche „Schaffermahlzeit" aus, um Spenden zu sammeln, seit 1952 in der oberen Halle des Rathauses.

Die „Schaffermahlzeit" bildet den mit Abstand nobelsten Termin im Festkalender. Hanseatisch korrekt tafelt man – bis vor Kurzem übrigens noch wörtlich zu nehmen: nur Herren – im Frack, es sei denn, der Ehrengast ist der Gesellschaft wichtiger als das traditionelle Gepränge. So weigerte sich 1962 Martin Heidegger kategorisch, im Frack zu erscheinen, der ihm dann erlassen wurde.

Als ältestes bestehendes Brudermahl der Welt hat es sich zu einem in ganz Deutschland wahrgenommenen Ereignis entwickelt und bietet Gelegenheit, Kontakte zu knüpfen. Wurde ursprünglich simpler Stockfisch geboten, so schlemmen die Teilnehmer heute mit kostbarem Silber über fünf Stunden und genießen ein mehrgängiges Festmahl an einer dem Dreizack Neptuns nachgebildeten Tafel, bevor sie nach einem Mokka und dem Genuss einer Tonpfeife mit einem Ball den Abend beschließen.

„Ischa Freimaak"

Gern wird kolportiert, Karneval ließe sich nur im Rheinland feiern. Weit gefehlt! Natürlich feiert man dort anders. Und prinzipiell ist es sinnvoll, regionales Brauchtum vor Ort zu genießen. Seit 1035 gibt es den Bremer Freimarkt im Frühjahr und Herbst, wohl eines der ältesten Volksfeste der Welt. Rheinländer sollten ihn kennenlernen.

Die Wirtin einer unserer Bremer Schülerkneipen, wir nannten sie „Leichen-Elli" wegen des nahen Friedhofs, kam auf die Idee, sich mit einer Karnevalsfeier zu versuchen. Im Juli. Es blieb bei einem Versuch. In Köln bot einmal der Inhaber eines Brauhauses ein Oktoberfest an. Da stimmte zwar die Jahreszeit. Aber irgendjemand hatte ihm eingeredet, echte Bayern säßen statt auf Stühlen auf abgesägten Baumstämmen. Er besaß zwar eine Säge, hatte aber keinen rechten Winkel zur Hand. Deshalb hockten die Gäste schräg, das aber nicht lange. Dann doch lieber Kölsch-Romantik. Auch hier blieb es bei einem Anlauf.

„Frei" waren diese Märkte, weil zu beiden Terminen auch reisende Händler, nicht in Bremer Zünften organisiert, ihre Waren feilbieten konnten. Aus dem Warenaustausch entwickelte sich ein Stadtfest. Dann tobt hanseatischer Übermut, bekommt Roland ein „Lebkuchenherz": „Ischa Freimaak!" Mittlerweile hat sich diese nordische Ekstase weit herumgesprochen: bis zu Rhein und Isar.

Natürlich gibt es auch einen Umzug mit Spielmannszügen, farbenprächtigen Kostümen und bunt geschmückten Festwagen. Feiern Sie einmal mit, wenn die bunte Karawane mit Musik durch die Straßen zieht und sich die „Büggel" – wie Rheinländer sagen würden – großer und kleiner Zuschauer mit „Bonschen" füllen.

Samba-Karneval

Hanseaten, heißt es, seien sssteifff, überaus korrekt und förmlich, vom Understatement ihrer britischen Handelspartner geprägt. Schon wieder so ein tradiertes Vorurteil! Einiges hat sich geändert. Auch wegen der Migration nach dem Krieg – sie bedeutete Bereicherung, bringt Anregungen. Seeleute und Händler brachten immer schon Ideen aus aller Welt an die Weser.

Schlendert man die Schlachte entlang, fühlt man sich in einem fränkischen Biergarten, im Sommer erinnern Markt und Domshof mit ihren Straßencafés an italienisches Dolce Vita. Nach Rio versetzt glaubt man sich angesichts des Samba-Karnevals. Außerhalb Bremens ist er weniger bekannt. Er gilt als größter Europas und findet gleichzeitig mit dem in Venedig statt. Ausgelassen tanzen einander fremde Menschen auf der Straße, wenn Bremens edler Markt einmal im Jahr seine Qualitäten als „Sambódromo" unter

Der altehrwürdige Marktplatz als Sambódromo – Rio lässt grüßen ...

Beweis stellt. Seit 1968 veranstaltet man regelmäßig einen Umzug durch die Stadt, inzwischen unter einem wechselnden Motto wie „Aufbrodeln gegen den Krieg", „Wir können nicht anders" oder „Wir gehen fremd" – was der feucht-fröhlichen Annäherung in den rheinischen Hochburgen durchaus nahekäme.

Masken, Kostüme, Stelzen und Spektakel brauchen den Vergleich mit den Rhein-Metropolen und der Lagunenstadt nicht zu scheuen. Trommeln lassen ihre Wirbel ertönen und verleihen Bremens Innenstadt einen Hauch von Copacabana. Aus ganz Deutschland, den Niederlanden, Großbritannien, Polen und anderen Ländern kommen rund 100 Sambatruppen alljährlich im Februar nach Bremen, um mit bis zu 40.000 anderen Interessierten zu feiern. Statt Kölsch oder Alt trinkt man Beck's und Jever. Helau und Alaaf vernimmt man nicht, hört dafür mitreißende Rhythmen und ergötzt sich an abwechslungsreichen Choreographien. Und wie ein doppeltürmiger Zuckerhut blickt der Dom auf das bunte Treiben, genießt und – schweigt. Der große Karnevalsumzug ist nur ein Höhepunkt zahlreicher spannender Veranstaltungen.

Der Farbenpracht und Fantasie sind keine Grenzen gesetzt.

Werder to go

Als Städte noch menschlicher waren, nicht Autolobby-gerecht verunstaltet und weniger lärmbelästigt, konnte man, eine interessante Lektüre vor Augen, versorgt mit Getränken und Rauchwaren, mühelos im Garten meiner Eltern die Spiele des SV Werder verfolgen. Akustisch war zu vernehmen, ob Bremen ein Tor geschossen hatte oder eines kassierte.

Leider gehen diese Feinheiten heute im Lärmpegel unter, seit die Hochstraße entlang der Kurfürstenallee über die Kirchbachstraße gebaut ist. Bremens traditionsreiche Helden des SV gehörten zu den Gründern der Bundesliga und zählen zu den wichtigsten Botschaftern und Werbeträgern des Stadtstaates. Dazu trägt auch die locker-souveräne Art bei, wie sich diese Truppe vermarktet.

Werder-Devotionalien gibt es in fast allen Formen, Größen, für jeden Geschmack und Geldbeutel – freilich nicht in allen Farben: Hier dominieren unbedingt Grün und Weiß.

Zeige mir deine Devotionalien und ich sage dir, wes Geistes du bist. Geadelt mit der sympathischen grünen Raute lässt sich fast alles erwerben. So gibt es „GOTS Babyschuhe" und Strampelanzüge für ganz junge Fans – man kann gar nicht früh genug … Flaschenöffner und Biergläser sind für die etwas Älteren erhältlich. Und für Menschen mit Schrebergarten bieten sich Zwerge an: grün gewandet im Torfkahn, mit Boje oder Roland.

Gegründet 1899 brachte es der Verein auf immerhin vier deutsche Meisterschaften: 1965, 1988, 1993 und 2004, und sogar sechs DFB-Pokale: 1961, 1991, 1994, 1999, 2004 und 2009. Daneben nehmen sich der Europapokal (1992) und der Super-Cup/Ligapokal: 1988, 1993, 1994 und 2006, fast ein wenig bescheiden aus. Und alles wirklich Relevante lässt sich in einer vor Lebenslust und Sportsgeist akustisch überschäumenden Stadt ja auch im Netz verfolgen. Auch wenn Werder „to go" im heimischen Garten leider nicht mehr möglich ist. Dafür sieht man von Weitem über die Weser die Flutlichtanlage.

Das Weserstadion inmitten der Stadt und seine Flutlichtanlage:
Ihre modernen Türme prägen das Bild über den grünen Weserufern.

Genderdebatte

Bremen war immer seiner Zeit voraus. Eine Genderdebatte provozierten die Hanseaten, unfreiwillig zwar, lange bevor dieser Begriff die Feuilletons erreichte. Am Markt stehen einige schmucke, zum Teil auf alt getrimmte Häuser. An einem prangt seit Jahrzehnten der Spruch: „Gedenke der Brüder, die das Schicksal unserer Trennung tragen!"

Ein Dokument des Kalten Krieges. Einerseits kommt hier gut gemeinte Besorgnis zum Ausdruck gegenüber Bürgern, die in der DDR der Stasi ausgeliefert waren. Andererseits ist es natürlich eine recht heuchlerische Stichelei. Es hätte ja durchaus die Möglichkeit gegeben, nach dem Krieg ein geeintes Deutschland aller vier Besatzungszonen zu bilden, wie es in Österreich geschah, unter der Bedingung der Neutralität. Die Alpenrepublik ist nicht schlecht mit dieser Lösung zurechtgekommen. Das war allerdings in der Globke-Adenauer-Ära nicht beabsichtigt,

Ein Relikt des Kalten Krieges

denn Adenauer bevorzugte eine Orientierung an den West-alliierten. Deshalb wurde 1949 zunächst im Frühjahr in Bonn die Bundesrepublik gegründet und als Antwort darauf entstand im Herbst die DDR.

Für die junge Bundesrepublik bedeutete das großzügige Hilfen durch Carepakete und den Marshallplan, während die Sowjetunion Reparationen aus der DDR bezog, um die ungeheuren Zerstörungen auszugleichen, die die Wehrmacht verursacht hatte. Von Anfang an hatten beide deutsche Staaten ungleiche Start-chancen, lieferte die Post Päckchen mit Kaffee, Bananen und Orangen „nach drüben" – während sich kritische Geister im Wes-ten, etwa wenn sie auf dem Markt gegen das Unrecht der süd-afrikanischen Apartheid demonstrierten, genau das anhören mussten: „Geh doch ‚nach drüben'"!

Vor allem aber bot die Inschrift Anlass für lebhafte – modern gesagt – Genderdebatten: Was denn mit den Schwestern sei? Trü-gen Frauen nicht ebenso schwer unter der Last der Teilung? Einer-seits lobte man die legendären Trümmerfrauen und andererseits sollten Männer Geschichte „machen" und erleiden. Warum dieser eindimensionale Appell? Durch den Eisernen Vorhang und die Ber-liner Mauer waren Kontakte gekappt, in der „Neuen Vahr" erinnert die „Berliner Freiheit" bis heute daran. Die Inschrift am „BECKs AM MARKT" dokumentiert, wie schwer sich die Stadtoberen – in diesem Fall wohl wirklich: Stadt-Väter – bis in die jüngere Ver-gangenheit taten, Frauen als gleichberechtigte Bürgerinnen anzuerkennen. Auch wenn die DDR selig längst der Geschichte angehört, Bremen wieder ganz normal Kontakte mit den Hanse-städten Wismar, Rostock oder Stralsund pflegen kann, verblüffen diese Lettern Touristen bis heute.

Fässer und Seile

Wohl in jeder Hansestadt gibt es eine Böttcherstraße, eine Reeperbahn, einen oder eine Art Schnoor, zumindest im Norden. Früher nannte man Straßen nach den ansässigen Gewerben. Diese handwerklich geprägten Wohnviertel aus dem Mittelalter mit architektonisch oft reich verzierten Häusern haben sich in Bremen lange erhalten.

Fässer waren die Container des Mittelalters, hier arbeiteten also die Fassmacher, die Küfer, Böttcher oder Büttner. Reepschläger, die Seile und Taue herstellten, brauchte man ebenfalls in allen Häfen. Sie werkelten an der Reeperbahn und im Schnoor in der Nähe, denn auch schmalere Seile und Schnüre waren wichtig. Draht und Ankerketten gab's in Bremen auch, gefertigt wurden die in der Straße Lange Wieren – plattdeutsch nannte man einen Draht Wiere.

Anfang des 20. Jahrhunderts kam der Kaffeehändler und Mäzen Ludwig Roselius auf die Idee, die authentisch bewahrte Böttcherstraße zu kaufen und zu einem Gesamtkunstwerk umzubauen. Also erwarb er die Immobilien entlang der rund 110 Meter langen Straße vom Markt Richtung Weser und beauftragte die Architekten Eduard Scotland und Alfred Runge sowie den Bildhauer Bernhard Hoetger mit der künstlerischen Gestaltung – ein seltenes Beispiel für norddeutschen Backstein-Expressionismus.

Freilich gab es hier nicht nur schlichte Handwerkerhäuser und Werkstätten. Der prächtige Renaissancegiebel

Erinnerungen

des nach dem neuen Besitzer benannten Roselius-Hauses bildet eine der Sehenswürdigkeiten Bremens. In seinem Inneren bietet es als Museum Kunst nordeuropäischer Provenienz vom Mittelalter bis zum Barock, insbesondere gediegene bürgerlich-behäbige Wohnkultur. Denn Ludwig Roselius hatte nicht nur die Fassade des Hauses rekonstruieren lassen, sondern auch Wert darauf gelegt, die Einrichtung der Räume (Küche, Diele und Esszimmer) möglichst originalgetreu zu gestalten, um Teile seiner privaten Sammlung auszustellen.

Mitten in der Böttcherstraße erklingt das Spiel der Meißener Glocken und gibt Volkslieder und Hanseatika zum Besten. Etwa das „Weserlied" und „Auf, Matrosen, die Anker gelichtet" oder „Die Gedanken sind frei" und natürlich Wagners musikalischen Stoßseufzer: „Steuermann, laß' die Wacht!" Gleichzeitig zeigen Tafeln Motive der Ozeanbezwinger seit den Wikingern.

Das Roselius-Haus und ein Selbstbildnis von Paula Modersohn-Becker als Hinweis auf das nahe Museum und die Tourist-Information

Nebenan liegt das erste Museum weltweit, das dem Werk einer einzigen Malerin gewidmet ist: Paula Modersohn-Becker. Es zeigt Bilder aller Schaffensphasen ihres kurzen Lebens von 1876 bis 1907. Abenteuerlich mutet an, wie mühsam Frauen sich gegen boshafte männliche Konkurrenten und Kritiker durchsetzen mussten: von Akademien ausgeschlossen, als „Malweiber" angepöbelt. Bedeutende Kunstwerke der Sammlung von Ludwig Roselius finden sich hier. Ergänzt wurden sie durch Leihgaben der Paula Modersohn-Becker Stiftung. Gemeinsam verfügen das Museum, die nahe Kunsthalle und die Stiftung über rund 100 Gemälde und 700 Zeichnungen – fast über das gesamte erhaltene Werk.

Nicht allen gefielen ihr Stil und das Werk Bernhard Hoetgers. Den Nazis galt er als „entartet", was auch immer das sein mochte. Hitler polemisierte auf einem Parteitag in Nürnberg 1936 gegen die „Böttcherstraßen-Kultur" und forderte Ludwig Roselius auf, sich davon zu distanzieren. Quasi als „abschreckendes" Beispiel der „Verfallskunst" sollte die Straße jedoch erhalten bleiben. Eigentlich waren Hoetger und Roselius Parteimitglieder, äußerten sich mehrfach in dieser Richtung. Doch ihre Sympathie stieß nicht auf Gegenliebe. Also ließ Roselius 1936 den Eingang erneuern und Hoetgers golden glänzendes Relief „Der Lichtbringer" montieren. Eine Huldigungsadresse an Hitler und die NSDAP. Assoziieren ließ sich nun – mit ausreichend faschistischem Glauben jedenfalls –, hier sei der Führer dargestellt, der das deutsche Volk erlöse, in eine goldene Zukunft und in ein neues, tausendjähriges Reich führe.

Reste der Stadtmauer des 13. Jahrhunderts und Bremens älteste profane Gebäude von 1401/02 befinden sich im Schnoor. Kriege hatte das Viertel mit seiner mittelalterlichen Substanz überdauert, war sanierungsbedürftig, bot ärmeren Bürgern günstigen Wohnraum. Daran erinnern zwei Denkmäler: „Heini Holtenbeen" war ein Original und einer der bekanntesten Bewohner des Schnoors. Jürgen Heinrich Keberle – wie er mit bürgerlichem Namen hieß – hinkte zwar, besaß aber keine Prothese. Schlagfertig, wie er war, bettelte er nicht, sondern bat um Darlehen, die er gewiss zurückzahlen werde: „Segg mal, kannst mi nich'n halwen Groschen lenen, ick schrief dat in min Hauptbook in." Sein Denkmal steht nahe dem Concordenhaus, hinter der Holzpforte. Nach ihm benannte sich der Verein, der um Erhalt und Rettung des Viertels bemüht ist.

An mittelalterliche Badefreuden mit jugendlichen „Hübscherinnen" erinnert ein anderes Denkmal als Brunnen mit der Skulptur „Beim Bade" am Stavendamm. Das vergnügte Bronzepaar schuf der Bildhauer Jürgen Cominotto 1986. „Utluchten" und bauplastischer Fassadenschmuck wie Renaissanceportale prägen das Bild. Dass es hier nicht immer friedfertig zuging, lassen Straßennamen ahnen: „Wüste Stätte" oder „Marterburg". Bürgerinitiativen retteten den Schnoor vor marktwirtschaftlich orientierten Immobilienspekulanten, doch noch im 21. Jahrhundert wurde in dem Gässchen „Hinter der Balge" (dem ersten Hafen Bremens) eines der alten Häuser abgerissen, um Platz für Touristen zu schaffen.

Der Schnoor: Bremens ältestes Quartier – heute ein Touristenmagnet

Kaum zu übersehen

. . . .

Als vieltürmige Stadt glänzte Bremen im Mittelalter. Mit den heute berühmten sieben Türmen Lübecks konnte es locker mithalten. Bereits die älteste Ansicht – ein Holzschnitt von Hans Weigel d. Ä. von 1564 – zeigt eine üppig mit herausragenden Bauten bekrönte Silhouette: Hier wächst um den Dom eine Stadt buchstäblich in den Himmel.

Besonders einschüchternd wirken beide Türme des Doms. Schon seine Adresse Sandstraße 10–12 verrät, warum die verschiedenen Bischofskirchen hier nacheinander errichtet wurden: Es war der höchste Punkt der Düne. Wahrscheinlich befand sich hier ein Heiligtum der religiösen Konkurrenz.

„Tief ist der Brunnen der Vergangenheit. Sollte man ihn nicht unergründlich nennen?", beginnt Thomas Mann seine Tetralogie „Joseph und seine Brüder". Ähnlich schwer lassen sich die Anfänge Bremens ergründen. Als Fries kann man am Rathaus die rührende Legende von der Henne mit ihren Küken bestaunen: Um das Jahr 778 suchten Flüchtlinge auf Booten in den Weser-Auen mit ihrer letzten Habe nach einem sicheren Platz vor der Nacht und einem Unwetter. Ein Sturm zog auf und sie sahen, dass eine Henne mit ihren Küken sich auf einer hohen Düne im Heidekraut verbarg. Dort wären auch sie vor Wellen geschützt, erkannten die Vertriebenen. Der Ort lag günstig: fischreich, nahe einer Furt und zugleich hoch über dem Strom. Also blieben sie dort und errichteten die ersten Hütten Bremens. So weit der fromme Mythos. Natürlich reicht die Geschichte der Besiedlung dieser fruchtbaren Landschaft viel weiter zurück: bis um 3.000 vor der Zeitenwende.

Weniger romantisch haben sich die Ereignisse wirklich zugetragen. Gegen Ende des 8. Jahrhunderts wollte Karl der Große in brutalen Kämpfen sein Herrschaftsgebiet erweitern, die Sachsen unterwerfen, um Steuern zu kassieren. Also ließ er

Erst im 19. Jahrhundert wurde das Westwerk des Doms symmetrisch gestaltet.

sie zwangsweise christianisieren. Natürlich wehrten sie sich, verteidigten ihre Freiheit, ihren Glauben und ihr Eigentum. Deshalb kam es zu entsetzlichen Massakern wie in Verden 782, angeblich soll die Aller sich vom Blut der Ermordeten rot verfärbt haben, über genaue Opferzahlen streiten Historiker bis heute.

Bremen wurde zu einem Brückenkopf für die Eroberung und christliche Kolonialisierung des Ostseeraums. Rückschläge blieben nicht aus. Lange gelang es nicht, den „Lebensraum im Osten" vollständig zu unterwerfen. Weil dänische Wikinger 845 Hamburg zerstörten, verlegte man die Residenz des Erzbischofs nach Bremen. Das Doppelbistum Hamburg-Bremen gewann zwar ständig an Einfluss, doch sein Erzbischof regierte sicherheitshalber von der Weser aus. Kaiser Otto I. gewährte Bremen 965 Markt-, Münz- und Zollrecht, es errang unter Erzbischof Adalbert (1043–1072) Bedeutung auf Reichsebene. Also musste ein repräsentativer Dom her, um die blutig erstrittene Macht fromm zu symbolisieren.

So wuchsen im Lauf der Jahrhunderte die Türme Richtung Himmel. Ein erster Holzbau wurde bereits 792 im Zuge der Sachsenkriege verbrannt. Deshalb schien es zweckmäßig, künftig feuerfeste Materialien zu verwenden. Im Mittelschiff des heutigen Doms lassen sich mehrere Bauphasen einer Steinkirche mit einem Westquerhaus nachweisen, wie es damals zu lukrativer Reliquienverehrung benötigt wurde. Weil allerdings zwei Domherren – beide hörten auf den schönen Namen Edo – als Rivalen um das Amt des Dompropstes und die damit verbundene Pfründe stritten, ging auch der steinerne Dom am 11. September 1041 in Flammen auf. Leider zerstörten diese ebenso eine wertvolle Dombibliothek und Teile der Altstadt. Verärgert hatte der Verlierer das Gotteshaus in Brand gesetzt, konnte aber später als Baumeister den neuen Dom errichten und hat wenigstens dabei gut verdient. Als „Bremer Brand" ging das Unglück in die Geschichte der Stadt ein.

Jedenfalls war wieder ein Neubau fällig. Prächtiger und repräsentativer sollte er sein, also baute man gleich zwei Krypten und zwei Chöre. Erzbischof Adalbert konnte es nicht schnell genug gehen, wollte er sich doch als Vollender feiern lassen. Deshalb befahl er, die Mauern der Domburg abzureißen und die Steine für „seinen" Dom zu verwenden. Diese Befestigung jedoch hatte freilich ihren Sinn gehabt. Nun konnte mangels schützender Mauern das Heer des sächsischen Herzogs Ordulf und seines Bruders Hermann im Jahr 1064 fast mühelos die Stadt plündern. In der Folgezeit prägten romanische und besonders gotische Formen das Aussehen des Doms mit ihren hohen spitzbogigen Fenstern und herrlichen Netzgewölben.

Mit dem Beginn der Reformation stockte der weitere Ausbau. In einer Kapelle der St.-Ansgarii-Kirche hielt am 9. November 1522 der Augustinermönch und Freund Luthers Heinrich von Zütphen in Bremen die erste Predigt. Der Erzbischof versuchte, ihn zu vertreiben, doch Rat und Bürgermeister stellten sich schützend vor den Geistlichen. Leider beging er den Fehler, sich zu Gottesdiensten nach Heide locken zu lassen. Der Dominikaner-Prior Tomborch des Klosters St. Maria wollte seine Predigten unter allen Umständen verhindern. Deshalb beschloss er mit anderen Mönchen, Heinrich von Zütphen zu ermorden. Das geschah am 9. Dezember 1524. Empört verfasste Luther seine Schrift „Historie von Bruder Heinrich von Zütphens Märtyrtode".

Lange Schließungen prägten nun die Geschichte des Doms, zunächst für 15 Jahre von 1532 bis 1547 und anschließend sogar für 76 Jahre: von 1561 an. Ab 1566 wurden vom Domkapitel lutherische Erzbischöfe gewählt, vom Vatikan nicht anerkannt und als Administratoren bezeichnet. Der Bau wurde vernachlässigt, was zur Folge hatte, dass der Südturm am 27. Januar 1638 einstürzte. Davon berichtet der Ratsschreiber Metje: „Da höre ich doch ein Poltern und Brechen, als ob einer tausend Holzstangen auf einmal durchbricht. Da gucke ich gleich zum Turm hoch, und ich denke, mir bleibt das Herz stehen! Ein langer Riss von oben bis unten, und wie ich da noch hinsehe, wird der immer breiter und breiter, und das Dach verschwindet im Turm – ja, und dann brechen auch schon die Mauern herunter! Ein Krach war das, ich dachte, der ganze Dom bricht zusammen!" Ein Blitz führte dazu, dass am 4. Februar 1656 auch der Nordturm ausbrannte und das Dach des Mittelschiffs zerstört wurde.

Mit dem Reichsdeputationshauptschluss von 1803 fiel das Domgebiet an die Stadt. Erst in den 1880er Jahren besann man sich darauf, den Dom grundlegend zu sanieren, schließlich prägt er das Bild der Innenstadt. Zum ersten Mal seit 500 Jahren wurden die Türme symmetrisch gestaltet. Über dem Eingangsgeschoss war im 16. Jahrhundert eine hölzerne Arkade angebracht worden, um von dort dem zahlenden Volk Reliquien zeigen zu können. Sie wurde nun in Stein ausgeführt. Als neoromanische Ergänzung setzte man einen Vierungsturm, was erhebliche statische Probleme verursachte. Für den Neubau des Konzerthauses „Glocke" – benannt nach dem achteckigen Kapitelhaus des Doms aus dem

Auch im Trubel des Frei- oder Weihnachtsmarkts steht er wie ein Fels in der Brandung: der Dom – vom Domshof aus gesehen.

15. Jahrhundert – wurde 1925 der noch erhaltene originale mittelalterliche Kreuzgang zerstört.

Bereits 1805 wurde im benachbarten Hamburg der alte Mariendom abgerissen. Seit der Verlegung der gemeinsamen Bischofsresidenz nach Bremen waren an Alster und Elbe nur ein Domkapitel und der Name „Dom" verblieben. Er bildete eine Enklave des rivalisierenden Bremer Erzbistums auf hamburgischem Stadtgebiet. Als die Immobilie zu Beginn des 19. Jahrhunderts an Hamburg fiel, bot sich die Gelegenheit, eine lästige Erinnerung zu tilgen. Inzwischen hat sich als „Hamburger Dom" ein Volksfest etabliert: Dreimal im Jahr findet es als Winterdom, Frühlingsdom und Sommerdom statt.

Während des Zweiten Weltkrieges wurde der Bremer Dom kaum beschädigt und nach der Befreiung 1945 wiederhergestellt. Seine Türme sieht man von vielen Plätzen nicht nur der inneren Stadt. Wegen der im Wortsinn herausragenden Architektur und zahlreicher Kunstwerke – etwa des spätromanischen bronzenen Taufbeckens – bildet er eine der wichtigsten Sehenswürdigkeiten. Zwei besondere Attraktionen sind die „Schatzkammer" und der „Bleikeller". Dank archäologischer Untersuchungen in den 1970er Jahren konnte die Geschichte des Doms erforscht werden, dabei wurden aus Gräbern zahlreiche Kunstgegenstände geborgen.

Seidene Grabtextilien dokumentieren Reichtum und Macht der Bremer Erzbischöfe und die Kunstfertigkeit jener Handwerker, die sie im 13. Jahrhundert am Mittelmeer geschaffen haben. Altargeräte und Teile der alten Dombibliothek erlauben einen tiefen Einblick in die Kirchengeschichte. Makaber mutet der „Bleikeller" an: Hier ruhen seit dem Mittelalter sterbliche Überreste von Menschen, die aus verschiedenen Gründen nicht bestattet, sondern in der Krypta aufgebahrt wurden. Heute wird der Dom auch als Konzertsaal genutzt. Dank seiner beeindruckenden Akustik sind musikalische Aufführungen dort immer ein besonderes Erlebnis.

Bremen – eine Zeitreise

Heinrich von Zütphen predigt evangelisch 1522 ....
in Bremen, er wird 1524 ermordet

Renaissance-Fassade des Rathauses 1609–1612 ....
durch Lüder von Bentheim gestaltet

Anlage des Hafens von Vegesack 1619 ....

Reichsstadturkunde durch Kaiser Ferdinand III. 1646 ....

Wallanlagen „entfestigt" (geschleift), werden Park 1802 ....

unter Napoleon wird Bremen Hauptstadt des 1810 ....
Departements der Wesermündung, mit den
Franzosen kommen moderne Menschenrechte

Bau des ersten Hafenbeckens in Bremerhaven 1827–1830 ....

Revolution in Bremen 1848 ....

Verfassung mit Achtklassenwahlrecht 1854 ....

Offshore-Leuchtturm „Roter Sand" fertiggestellt 1885 ....

Eröffnung der Freihäfen 1888 ....

Revolution und Räterepublik in Bremen, 1918/19 ....
blutig niedergeschlagen

1920	demokratische Verfassung
1924	erster Rundfunksender in Bremen
1933	NS-Senat, Verbot demokratischer Parteien und Gewerkschaften
1938	„Reichskristallnacht": Mord an jüdischen Bürgern und Plünderung ihrer Geschäfte

1939–1945	Ausbeutung von Zwangsarbeitern in der Industrie
1940–1945	Bombardierungen, Deportation jüdischer Bremer in die Mordlager
1945	Befreiung durch britische Truppen, Bremen wird US-Enklave
1949	Bremen mit Bremerhaven ein Bundesland der Bundesrepublik Deutschland
1959–1961	Aalto-Hochhaus errichtet
1961	Borgward-Konzern in Konkurs
1962	Kogge-Fund und Beginn der Bergung
1966	Haus der Bürgerschaft am Markt vollendet
1971	Gründung der Universität Bremen

das Deutsche Schifffahrtsmuseum (DSM) in Bremerhaven eröffnet mit Museumsflotte im eigenen Hafen	1975 ....
Mercedes produziert in Bremen	1978 ....
Bremer Literaturkontor eröffnet	1983 ....
Fallturm der Universität fertiggestellt	1990 ....

Rathaus und Roland zum UNESCO-Weltkulturerbe erklärt	2004 ....
Werder wieder einmal deutscher Meister (nach 1965, 1988 und 1993)	2004 ....
Deutsches Auswandererhaus Bremerhaven als Museum eröffnet	2005 ....
Eröffnung der Waterfront Bremen im Ortsteil Industriehäfen	2008 ....
Segelschiff „Seute Deern" im Alten Hafen in Bremerhaven gesunken	2019 ....
Als einzige deutsche war die Universität Gründungsmitglied des globalen Klima-Netzwerks „International Universities Climate Alliance" (IUCA)	2020 ....

Reliquien

Bereits den Vater des Dichters, Johann Caspar Goethe, amüsierte der Geschäftssinn katholischer Geistlicher, galt es, Reliquien zu präsentieren, um Spenden zu akquirieren. So werden unter anderem Jesu Vorhaut und seine Windeln zahlenden Gläubigen offeriert, ohne dass die kassierenden Priester vor Scham rot werden.

Angesichts ähnlich überzeugender Relikte in Italien schrieb Vater Goethe in seinen Reiseerinnerungen: „Es ist wahrhaft bemitleidenswert, wenn man mitansehen muss, wie sich vernunftbegabte Menschen mit solchen Betrügereien abgeben; sie

täuschen das einfältige Volk in voller Absicht und würden es allen Zigeunerunsinn glauben machen: Es seien nun Federn, die aus den Flügeln des Erzengels Gabriel gefallen sind, als er Maria die Verkündigung überbrachte, oder Josephs Seele, die in eine Flasche gesperrt ist."

Obwohl in Bremen dank der Reformation katholische Kulte der Vergangenheit angehören, werden auch im Dom seit Jahrhunderten Leichname – gegen Eintritt, versteht sich – zur Schau gestellt. Im berühmten „Bleikeller". Meine Eltern führten früher Gäste dorthin. In den 1960er Jahren lagen die Mumien noch offen und nicht wenige Besucher überzeugten sich mit Daumen und Zeigefinger von ihrem Zustand. Der Legende nach brachte man einen verletzten Dachdecker in den Bleikeller und vergaß ihn dort. Als man sich seiner erinnerte, hätte er nach menschlichem Ermessen längst verwest sein müssen – man fand ihn aber mumifiziert. Von da an wurden dort Menschen zur letzten Ruhe gebettet, die befürchteten, lebendig begraben zu werden.

Der Diplomat und Schriftsteller Thomas Lediard berichtete zu Beginn des 18. Jahrhunderts: Der Bleikeller „würde in der Zeit von Unwissenheit der Mönche als ein Wunder ersten Grades beurteilt worden sein, das der Kirche einen Schatz gebracht hätte; und die Personen, deren Körper so wundervoll erhalten gefunden worden wären, würde man sicher kanonisiert haben, ohne Rücksicht auf das Leben, das sie geführt hatten. Aber in diesen glücklicheren Tagen, in denen die Tyrannei der Priester in großem Maße abgeschafft ist und jeder Mensch für sich selbst denken kann, können wir die Erscheinung ohne ein Wunder erklären. Dieses Gewölbe hat, da es unter einer Ecke der Kirche gelegen ist, zwei Öffnungen zum Kirchhof mit Eisengittern, durch die die Luft dauernd eindringen kann, wobei man natürlich annehmen kann, dass die Feuchtigkeit dieser Körper nach und nach ohne Verwesung ausgetrocknet wurde."

Diese historische Darstellung lässt ahnen, was den Reiz für Besucher ausmacht(e) ...

Bremen-Besucher berichten

Interessant liest sich, was Reisende sahen und wichtig fanden. Rathaus und Kirchen natürlich. Das Wetter: häufig Regen. Als die Sonne wieder einmal schien, erblickte 1644 der französische Diplomat François Bertaut den damals noch recht neuen Roland: „von dessen Heldentaten Sachsen und Westfalen ehemals voll waren."

Als 1662 drei sächsische Prinzen eintrafen, interessierte sie das Zeughaus in der ehemaligen Katharinenkirche: Welche Waffen lagern hier? Auch der Roland fiel ihnen auf: „Es soll Karls des Großen Stiefsohn bedeuten, der ein berühmter Held ist und sehr große Taten in Deutschland vollbracht hat." Und sie priesen den Ratskeller, „der wie eine Kirche gewölbt ist und einen großen Vorrat der besten rheinischen Weine hat". Im Schütting schoss man mit den Modellkanonen der Orlogschiffe Salut, „wo sie uns einen Trunk Wein präsentierten".

Fast alle „Touristen" bewunderten eine technische Meisterleistung: Bremens Wasserversorgung über ein Schöpfrad an der Brücke. Aus ihm floss Weserwasser „in 350 kleine Häuser in der Stadt, aus welchen dann die anderen (Bewohner) das Wasser holen".

Der Magister und spätere Professor der Philosophie Johann Burchard Mencke würdigte 1699 die reichhaltige Bibliothek des „Gymnasium Illustre", eines Vorläufers der Universität im früheren Katharinenkloster – gleich

Der stark idealisierte Stadtplan von Braun und Hogenberg (um 1600): Deutlich erkennt man den Markt mit Rathaus, Schütting und Dom sowie die Schlachte mit der Martini-Kirche und natürlich die Weserbrücke.

neben dem Zeughaus in der früheren Klosterkirche. Die Reformation hatte es möglich gemacht, dass man Waffen und Wissenswertes Wand an Wand horten konnte. Und natürlich ließ sich Magister Mencke auch andere Sehenswürdigkeiten nicht entgehen: das Wasserrad, die Börse sowie das Rathaus und „den darunter gelegenen Keller, wo die ältesten Weine unter der Rose liegen". Der Rüdesheimer von 1653 unter einem Deckengemälde der Rosenblüte.

Der Jurist und britische Staatssekretär William Bromley besichtigte Pfarrkirchen und Dom, fand im Bleikeller, die Mumien seien so leicht, „dass sie mühelos bewegt werden können". Deren

Zustand beschäftigte auch den Mediziner, Botaniker und Dichter Albrecht von Haller 1726 und er untersuchte einen „Rittmeister, bei dem man durch eine Bauchwunde das Zwerchfell fühlen kann". Teile der Mumien sandte der Bremer Arzt Dr. Nicolaus Meyer seinem Freund Goethe nach Weimar, um den Dichterfürsten zu einem Besuch Bremens zu motivieren, etwa wie Händler auf dem nahen Markt Kunden Kosthappen ihrer Käse oder Würste anbieten.

Als besondere Rarität wird häufig der „Complimentarius" erwähnt, ein mechanischer Türsteher oder Grußautomat im Schütting. Über ihn berichtet der britische Jurist und Diplomat Thomas Lediard, er weilte 1726 und 1729 in Bremen: „Unten an einer Treppe von drei Stufen, über die man die Halle betritt, steht eine Kriegerfigur in voller Rüstung, die durch eine Maschinerie unter den Stufen, sowie man sie betritt, um herabzusteigen, das Visier seines Helmes hochhebt mit seiner Hellebarde und Sie grüßt." Gästen erzählte man, es handele sich um einen von hiesigen Truppen besiegten gegnerischen Adligen, der nun den Bremern den gebührenden Respekt erweise.

Entsetzt war Lediard über eine drakonische Strafaktion auf dem Markt. Eine junge Frau, „die in ihren Gunstbezeugungen gegenüber ihrem Herrn zu freigiebig gewesen war", wurde mit Birkenruten durchgepeitscht, „dass ihr ganzer Rücken und die Seiten ein einziges Stück von rohem Fleisch zu sein schienen", und anschließend gebrandmarkt mit dem „Stadtwappen" (!), „dass Rauch von der Stelle aufstieg". Angezeigt hatte sie die Dame des Hauses, beigetragen zur Höhe ihre Strafe habe wohl, legt Lediard nahe, dass sie die Schwester des Richters war. Lediard beobachtet sie in einem anderen Fenster: „die ihre Rachegelüste mit einer solchen Miene der Befriedigung sättigte …" Auch missfällt Lediard, dass die Art, wie die junge Frau entblößt präsentiert wird, „nicht sehr mit der angeblichen Ehrbarkeit und Sittsamkeit übereinstimmte". Und natürlich fragt er sich, ob sie wirklich allein schuldig war? Die junge Frau, aus ihrer Ohnmacht erwacht, wird anschließend aus der Stadt gezerrt und verbannt.

Blauer Dunst

Aus der „Neuen Welt" kam im 17. Jahrhundert Tabak nach Europa. Man(n) kaute, schnupfte oder rauchte ihn. Bremen entwickelte sich im 19. Jahrhundert zum Zentrum des deutschen Tabakimports aus der Karibik.

Gegen 1820 galt die Zigarre als modisches Accessoire der Herren in besseren Kreisen. In Behörden wie Lübecks Rathaus oder dem Bremer Gericht befanden sich an der Wand gusseiserne Halter mit Rillen, auf denen die Herren ihre „Cigarren" während der Sitzungen ablegen konnten.

In der Folge entstanden kleine Manufakturen mit kaum mehr als fünf Mitarbeitern, in denen Zigarren gedreht wurden. Um die Mitte des 19. Jahrhunderts lebten in Bremen knapp 4.000 Menschen von der Zigarrenherstellung. Greise, Frauen und kleine Kinder halfen mit. Arbeitsteilung setzte sich durch. Zunächst entnahm der „Strieper" dem Blatt die Mittelrippe, der „Wickelmacher" schuf die Rohform und der „Zigarrenmacher" schnitt das Deckblatt und rollte die Zigarre. Ursprünglich geschah das von Hand, später in hölzernen Wickelformen als einzigen technischen Hilfsmitteln.

Häufig litten Zigarrenarbeiter und ihre Familien an Schwindsucht, wie man Lungentuberkulose damals bezeichnete. Die Selbstausbeutung war enorm. Zwölf bis 14 Stunden dauerten die Schichten, in denen es rund tausend Zigarren zu fertigen galt. In größeren Fabriken entwickelte sich der Brauch, dass ein Arbeiter den Kollegen aus Büchern oder Zeitungen vorlas, sie übernahmen dann seine Aufgaben oder bezahlten ihn. Politische Themen durften nicht vorgelesen werden. Weil die Bremer „Zigarrenmacher-Assoziation" 1849 in den Verdacht geriet, „politisch-soziale Ziele" zu verfolgen, verbot der Senat sie. Holger Voigts schuf 1984 das bronzene Denkmal für die Bremer Zigarrenmacher, es wurde am Buntentorsteinweg/Ecke Kirchweg in der Neustadt aufgestellt.

Bremen hat einen Elefanten

∙ ∙

**„Ein Elefant?" „In Bremen?" „Ja, allerdings." „Du hast wohl 'ne …
Meise! Aber – das … muss ein Irrtum sein!" „Bremen liegt doch
nicht in Afrika und hat auch keinen Zoo!" „Keinen mehr!" „Stimmt!
Seit 1974." „Aber einen Elefanten gibt es in der Stadt doch!" Allerdings. Und zwar seit 1931. Aus Ziegeln. Rund zehn Meter hoch
samt Sockel.**

Überdimensional wie Hamburgs Bismarckdenkmal. Offenbar ging
es bei der Errichtung nicht um ein realistisches Abbild. Aber um
was dann? Mit unglaublicher Brutalität haben Europäer in Kolonien dank ihrer militärischen Überlegenheit die halbe Welt ausgeplündert: In Amerika, Asien und Afrika haben sie fremde Länder erobert, Rohstoffe und Kulturgüter gestohlen, die Bewohner
ermordet oder als Sklaven verschleppt und als Zwangsarbeiter
missbraucht und ausgebeutet. Immer mit Unterstützung der Kirche, ging es doch offiziell darum, armen Heiden die Nächstenliebe
des Christentums zu bringen. Glasperlen und Bibeln im unredlichen Tausch gegen Land, Bodenschätze und Kunstwerke. Mit
Tricks und Gewalt. Ein wichtiger Schritt dahin war die „Kongo-
Konferenz" 1884/85 in Berlin, Bismarck hatte eingeladen – die
Täter, nicht die Opfer. Über deren Köpfe hinweg einigten sich die
Kolonialmächte über ihre Beute. Bismarcks Denkmal steht seit
1910 neben dem Bremer Dom.

Um diese Verbrechen ideologisch zu verklären, errichtete man
in Bremen bereits 1931 ein „Reichskolonialehrendenkmal". Vor der
faschistischen Machtergreifung 1933 wurden hier Rassismus und
der Wahn vom Lebensraum, auf den eine angeblich überlegene
Rasse Anspruch hat, propagiert und in Ziegeln aufgemauert. Ganz
unverblümt erläuterte Paul Emil von Lettow-Vorbeck, im Ersten
Weltkrieg als deutscher Generalmajor Kommandeur der Truppe

dort, diese Moral bei der Einweihung des „Ehrenmals" 1932: „Ein großes Volk muss Kolonien haben, um leben zu können … ein großes Volk treibt Kolonialpolitik in erster Linie um seiner selbst willen. … Kolonien sind der Ausdruck der Kraft einer Nation."

Propaganda, die unendliches Leid verursachte. Bremen hat keinen Elefanten, sondern eine überdimensionale Karikatur davon. Ein Kunstwerk, gewiss, seit 2008 steht es unter Denkmalschutz. Am 18. Mai 1990 wurde der Elefant als „Anti-Kolonial-Denk-Mal" umgewidmet. Jetzt erinnert er an die Opfer. Klaus Wedemeier, damals Bürgermeister, erklärte: „Kein Kontinent unserer Erde ist durch den europäischen Kolonialismus derart zerstückelt, ökonomisch und ökologisch zerstört und in seiner Identität verletzt worden wie Afrika." Elefanten haben bekanntlich ein sehr gutes Gedächtnis. Sie vergessen nie. Ähnlich wie ein Rechtsstaat. Kapitalverbrechen wie Mord oder Völkermord verjähren nicht.

Früher marschierten hier Schulklassen auf, um zu lernen, wie „süß und ehrenvoll" es sei, für das Vaterland zu sterben und Kolonien zu erobern.

Unfreiwillige Stippvisite

Kurz nur, nicht freiwillig, war einer der interessantesten deutschen Dichter zu Gast in Bremen. Wahrscheinlich erging es Hunderten anderer seiner Leidensgenossen ähnlich, aber nur er hat überlebt und war als Autor in der Lage, über seine Erlebnisse zu berichten. Bremer Bürger haben Zivilcourage bewiesen und ihn vor seinen adeligen Verfolgern geschützt.

Er selbst hat bei dieser Gelegenheit den Wert feudaler Autokratie und der Kirche als ihrer Legitimationsinstanz kennengelernt und die Bedeutung zivilisierter demokratischer Verhältnisse sowie der Menschenrechte. Seine Erinnerungen lesen sich wie ein Thriller, haben sich aber tatsächlich ereignet.

Johann Gottfried Seume, 1763 in Poserna geboren, besuchte die Nikolaischule in Leipzig und studierte dort an der Universität Theologie. Als er 1781 nach Paris reisen wollte, ergriffen ihn Soldaten des Landgrafen von Hessen-Kassel. Obwohl er sich nichts hatte zuschulden kommen lassen, inhaftierten sie ihn, denn der Herr Landgraf hatte Schulden und benötigte Geld für seine Schlösser. Gängige Praxis des Adels war es damals, „Leibeigene", Landeskinder oder andere Opfer einzufangen und als Soldaten zu verkaufen. Seume sollte der britischen Kolonialmacht zur Unterdrückung der Kämpfe in Amerika gegen die Unabhängigkeitsbewegung geliefert werden.

In Bremerhaven brachte man ihn auf ein Schiff. Es war ein Sklaventransporter: „In den englischen Transportschiffen wurden wir gedrückt, geschichtet,

Johann Gottfried Seume

gepökelt wie die Heringe. Im Verdeck konnte ein ausgewachsener Mann nicht gerade stehen und im Bettenverschlage nicht gerade sitzen. Die Bettkasten waren für sechs und sechs Mann. Wenn viere drinnen lagen, waren sie voll und die beiden letzten mußten hineingezwängt werden. Es war für einen Einzelnen unmöglich, sich umzuwenden, und ebenso unmöglich, auf dem Rücken zu liegen. Wenn wir so auf einer Seite gehörig geschwitzt und gebraten hatten, rief der rechte Flügelmann: Umgewendet! Und es wurde umgeschichtet. Hatten wir nun auf der anderen Seite genug ausgehalten, rief das nämliche der linke Flügelmann; und wir zwängten uns wieder in die vorige Quetsche."

Seume hatte Glück, am Ziel waren die Kampfhandlungen vorüber. Immerhin lernte er Eingeborene kennen und verglich ihr Verhalten in seinem Gedicht „Der Wilde" mit der ihm bekannten höfischen Rokoko-Kultur: „Ein Kanadier, der noch Europens übertünchte Höflichkeit nicht kannte …" Die Engländer verfrachteten ihn wieder zurück zur Weser. In Bremen hoffte er, seine Freiheitsberaubung beenden zu können, versucht zu fliehen. Ein Bürger erkennt ihn als hessischen Deserteur und warnt: „Unser Magistrat hat einen Vertrag mit dem Landgrafen." Andere Bremer helfen ihm, die Stadt diskret zu verlassen. Seumes Problem: Auch „Werber" der Familie Hohenzollern begehen Kidnapping, verschleppen Menschen oder „kaufen" sie vom Landgrafen Hessens.

Dessen Jäger spüren ihn nahe der Weser auf und verfolgen ihn zum Fluss. Seume erblickt einen Fischerkahn, springt hinein und „der mitleidige Fischer, welcher der Menschenjagd zugesehen hatte, ließ ihn sich gleich auf den Boden niederlegen und stieß augenblicklich vom Lande ab. Nun kamen auch die Jäger und schossen." Aber der Fischer lässt sich von den landgräflichen Kugeln nicht beirren und bringt Seume über den Fluss auf Oldenburger Gebiet: „Hier Freund, seid Ihr frei!" Seume hätte eine erneute Gefangennahme wohl nicht überlebt. „Spießrutenlaufen" endete meist tödlich. An diese äußerst mutige Rettungsaktion 1783 erinnert das Johann-Gottfried-Seume-Denkmal am Werderufer.

Die „Hansa Teutonica"

· ·

Während der Mitte des 12. bis ins 17. Jahrhundert bildete sich ein Städtebund, der gemeinsam wirtschaftliche und politische Interessen gegenüber den Territorialfürsten vertreten wollte: die Hanse, auch Deutsche oder „Düdesche" Hanse genannt, latinisiert „Hansa Teutonica".

Nicht nur im Bremer Wappen – weißer Schlüssel auf rotem Grund – dominieren die Farben der Hanse. Zur Zeit ihrer größten Ausdehnung waren beinahe 300 See- und Binnenstädte des nördlichen Europas in der Städtehanse zusammengeschlossen und trafen sich regelmäßig zu Hansetagen, erstmals 1356, der letzte fand 1669 statt. Meist lud Lübeck ein, das ab 1294 unangefochten als „caput et principium omnium" galt und als „hovestad der Hanse" im 14. und 15. Jahrhundert mehrfach bestätigt wurde.

Wichtigstes Anliegen waren die Entwicklung und Sicherung des Transportwesens, besonders zur See, weshalb die Kogge zu einem Symbol der Hanse wurde und die Siegel zahlreicher Partner zierte. Viele Hansestädte gelangten zu großem Reichtum, was sich bis heute an ihrer Architektur ablesen lässt.

Gemeinsam organisierte man Rechtssicherheit, vor allem im Ausland, ebenso wie den Schutz vor Piraten. Die Koggen fuhren meist im Verband von zwei oder drei Schiffen, mitunter im Schutz von Orlogschiffen (stark bewaffneten Kriegsschiffen) und hatten seit 1477 Bewaffnete an Bord. Gegen Kaperungen schützten diese Maßnahmen jedoch nur bedingt. In Lübecks „Schiffergesellschaft" kann man Waffen besiegter türkischer Piraten bewundern. Nicht wenige hanseatische Seeleute landeten statt in ihren Heimathäfen auf Sklavenmärkten. Deshalb rüsteten die Städte stark bewaffnete Schiffe aus: die „Peter von Danzig", die „Bunte Kuh" aus Hamburg, den „Adler" und einen „Löwen von Lübeck" oder gar als besonders kampfstark den „Jesus von Lübeck".

Geborgen im Schlick

Als am 8. Oktober 1962 die Besatzung des Baggerschiffs „Arlesienne" bei Hafenerweiterungen vor dem Ortsteil Rablinghausen auf ein hölzernes Hindernis stieß, konnte niemand ahnen, dass hier eine sensationelle Entdeckung gelungen war. Tief im Schlick steckte eine Kogge! Bislang kannte man Darstellungen nur von Stadtsiegeln oder alten Stichen: mehr idealisiert als realistisch.

Doch anhand dieser Abbildungen historischer Siegel ließ sich der Fund rasch identifizieren. Reste solcher Wracks gab es zwar, genaue Positionen von einigen waren auch bekannt, aber die Entdeckung eines fast kompletten, gut erhaltenen Exemplars bildete eine der raren Sternstunden der Archäologie. Bremen hatte ein Ereignis zu feiern, das andere Städte rings um die Ostsee ebenfalls in Atem hielt.

Zunächst galt es, ein recht großes Kleinod zu sichern, dessen Dimensionen im Wortsinn im Unklaren lagen: im brackigen

Winzig nach modernen Maßstäben
waren die Koggen ...

Schlamm der Weser. Der Tidenhub dort beträgt mehr als drei Meter. Er drohte, die Reste zu zerstören und fortzuspülen. Glück und harte Arbeit, gewissenhaftes Engagement, bis zur und über die Selbstverleugnung hinaus, die Beteiligung zahlreicher Unterstützer waren notwendig, bis dieses Schiff heute – nach mehr als 600 Jahren – fast wieder in alter Schönheit im Schifffahrtsmuseum in Bremerhaven zu besichtigen ist.

Auf Fotos klettern Arbeiter über glitschige Balken, die aus dem Wasser ragen, halten mühsam die Balance. Auch Helmtaucher kamen zum Einsatz. Natürlich gab es kaum Erfahrungen bei der Bergung und Konservierung so eines großen Fundes. Schnell stellte sich heraus, dass die Eichenbalken, die im feuchten Schlick gut Jahrhunderte überdauert hatten, schnell schrumpften und zerbröselten, ließ man sie an der Luft trocknen. Deshalb mussten die Fragmente zunächst feucht zwischengelagert werden, um sie anschließend in einem Gemisch aus Wasser und Polyethylenglykol zu konservieren – knapp 20 Jahre dauerte dieser Prozess.

Um 1380 muss das Schiff auf einer Werft, wahrscheinlich nahe der Stadt, gebaut worden sein. Als es fortgespült wurde, vielleicht bei einem Unwetter, war es noch nicht komplett ausgerüstet. Manche Teile fehlten, waren offenbar noch nicht eingefügt. Immerhin entdeckten Archäologen die älteste erhaltene Schiffstoilette der Welt, sie befand sich im Deck des Achterkastells. Zimmermannswerkzeuge und unverbaute Materialien tauchten innerhalb des Rumpfes und im Umkreis auf. Erst im Sommer 1965 barg das Tauchglockenschiff „Carl Straat" letzte Funde vom Wesergrund. Insgesamt über 2.000 Einzelteile des Schiffes kamen zutage, für die Restauratoren ein gigantisches Puzzle.

War die Bergung bereits gefährlich und kompliziert, so erwies sich die Rekonstruktion als nicht weniger schwierig, bei einer relativen Luftfeuchtigkeit von 97 Prozent mussten die schweren, umfangreichen und rutschigen Teile ineinandergefügt werden. Insgesamt rund 45 Tonnen Kogge-Hölzer galt es zu verbauen, meist in künstlichem Nebel. Originalgetreu wurden die Holzteile mit Holzdübeln verbunden. Die Steuerbordseite war

Der Schütting erinnert mit einer stilisierten Kogge daran, welchem Schiffstyp die Kaufmannschaft ihren Reichtum verdankte.

ANNO 1594

fast vollständig erhalten und die Backbordseite zu etwa einem Drittel, vom Achterkastell existierte ein Rest. Offenbar war das Schiff abgetrieben worden und außerhalb des Blickfeldes seiner Besitzer gestrandet, wohl auch so unzugänglich, dass niemand einen Versuch unternahm, wenigstens die wertvollen Eichenbalken sicherzustellen.

Für die Archäologen erwies sich dieser Schadensfall als seltener Glücksmoment. Normalerweise gehen Wracks in Stürmen verloren, zerschellen an Klippen oder verbrennen. Dieses war zur Zeit seines Untergangs aber fast neuwertig und in bestem Zustand. Vom 12. bis 14. Jahrhundert erreichten Koggen alle Häfen der damals bekannten Welt im Ostseeraum und Großbritannien, beförderten rund 20 Tonnen von Gütern aller Art: Getreide und Fisch, Bier, Wein und Salz, transportierten Felle, Tuche und Waffen, Teer und Pech, Wachs und Bernstein, Silber und Kupfer. Weil sie in Küstennähe segelten und sich bei Ebbe „trockenfallen" ließen, nannte man diese Schiffe auch „Schlickrutscher" – hier in Bremen war eines steckengeblieben: für Jahrhunderte.

Inzwischen sind Reste weiterer Wracks bekannt, 1991/92 wurde in einer Tiefe von 14 Metern unter der Schlachte ein koggeähnliches Schiff gefunden und teilweise geborgen, das auf Basis eines flach ausgehöhlten Eichenstamms mit vielen Halbspanten errichtet war und ein Heckruder trug. Eine frühe Form der Kogge. Mithilfe dendrochronologischer Untersuchungen datierte man sie in das Jahr 1100.

Nachbauten entstanden, zunächst die „Ubena von Bremen", ihre Jungfernfahrt führte sie 1991 von Lübeck nach Danzig als erste Kogge seit 600 Jahren. Eine andere wurde „Hansekogge" getauft und erhielt ihren Ankerplatz in Kiel. Dreimal ist Bremer Recht, dachte man sich in der Hansestadt und so entstand die „Roland von Bremen", die sich leider zu gut an ihrem Vorbild orientierte und 2014 wegen eines defekten Ventils an ihrem Liegeplatz vor der Schlachte in den Fluten der Weser versank. Alle drei Schiffe zeichneten sich durch unerwartet gute Segeleigenschaften aus.

„Dreyeinig sind sie …"

Nicht immer erwies sich die christliche Seefahrt als so friedlich, wie sie gern vorgab. Lange bevor Missionierung, Kolonialismus und Sklavenhandel in Afrika und der „Neuen Welt" zum guten, geschäftsfördernden Ton europäischer Staaten gerechnet wurden, hatte auch die Hanse ihre liebe Not mit Freibeutern.

In seinem „Faust" lässt Goethe Mephistopheles Moral und Praktiken mancher „Kaufleute" schildern: „Das freie Meer befreit den Geist / … / Man hat Gewalt, so hat man Recht. / Ich müßte keine Schifffahrt kennen: / Krieg, Handel und Piraterie, / Dreyeinig sind sie, nicht zu trennen." Claas Störtebeker hat als Held zahlreicher Jugendbücher und Filme Karriere gemacht, Hamburgs Flotte

Inzwischen hat auch Hamburg mit Störtebeker seinen Frieden geschlossen, schließlich hatte er den Kürzeren gezogen: um Haupteslänge …

stellte ihn und Godeke Michels mit der „Bunte Kuh" vor Helgoland und kürzte 1401 ihre Karriere auf dem Grasbrook um Kopfes Länge. Mittlerweile hat ihm Hamburg im Hafen ein Denkmal errichtet, trotzig und wohl mehr noch: traurig erhobenen Hauptes schaut er mit bronzenem, gebrochenem Blick gen Norden, wo die See endlose Freiheit verspricht. Zu einer Art „Robin Hood der Meere" hat man ihn verklärt, weil die Vitalienbrüder als „Likedeeler" (niederdeutsch: Gleichteiler) ihre Beute gerecht verteilten: Nicht ein Kapitän, Bischof oder Fürst bekam den „Löwenanteil".

Wie verwandt Krieg, Handel und Piraterie in der Praxis waren, zeigt auch der kurze Triumph des „Bremer Piraten" Johann Hollemann. Bis zum Abriss 1869 stand sein stolzes Anwesen, die „Hollemannsburg", an der Schlachte. Sein Vater war immerhin Ratsherr. Unbekannt sind die Anfänge der Kontroverse, jedenfalls begann Johann Hollemann in den Mündungen von Elbe und Weser Hamburger Schiffe zu kapern. Darauf beschwerten sich die empörten Nachbarn beim Bremer Rat, der sich von dem missratenen Landeskind formal distanzierte. Das wiederum ärgerte Hollemann, der nun auch Bremer Schiffe entern ließ und in Ritterhude mit anderen Piraten sein Quartier aufschlug, von dort aber die Beute in die Hollemannsburg mitten in Bremens City bringen ließ. Diese Dreistigkeit führte zu heftigen Debatten auf dem Lübecker Hansetag im Sommer 1358 und natürlich in Bremen selbst.

Als es wieder zu Machtstreitigkeiten zwischen dem Rat und dem adeligem Erzbischof kam, nutzte Hollemann die Gunst der Stunde, unterstützte den Kirchenfürsten gegen die Stadt. Die bat ihrerseits Graf Konrad II. von Oldenburg um Hilfe. Dessen Söldner stürmten Bremen am 27. Juni 1366, nach vierwöchiger Herrschaft des Erzbischofs und Hollemanns. Der musste sich in seine „Burg" zurückziehen, die erzbischöflichen Krieger wurden überwältigt. Anschließend eroberten die Oldenburger die Hollemannsburg, erschlugen den Hausherrn und hängten seinen Leichnam vor ein Fenster. Offenbar gab man nur ihm die Schuld, denn die Familie Hollemann lebte weiterhin in Bremen: als geachtete und vermögende Bewohner der Stadt mit vollen Rechten.

Und dann war da noch die Kontrahage mit dem Junker Balthasar von Esens, er war bis zu seinem Tod Herrscher des Harlingerlandes, stellte Kaperbriefe aus und ließ Bremer Koggen aufbringen. Das gefiel dem Bischof von Bremen, schließlich war Reformationszeit und alles, was den eigenen Klingelbeutel füllte und die verhasste Republik schwächte, war ihm heilig. Junker Balthasar war beileibe kein fanatischer oder vorbildlicher Katholik, aber dem frommen Erzbischof war alles recht, was dem Bürgertum Bremens schaden konnte.

Weil 1538 die Reichsacht über Balthasar verhängt wurde, griffen Bremer Truppen zu und Esens an. Als Kriegstrophäe brachten die Bremer angeblich Balthasars Ritterrüstung in den Schütting. Dort stellten sie den Harnisch mit einem Mechanismus versehen so auf, dass immer, wenn jemand den Saal betrat, die Rüstung ihr Visier öffnete und eine Hand zum Gruß hob. So sollte Balthasar von Esens noch über den Tod hinaus den Bremern Respekt erweisen. Ähnlich wie katholische Reliquien entwickelte sich der Salutierautomat „Complimentarius" zu einer einträglichen Sehenswürdigkeit. Reiseführer des 18. Jahrhunderts priesen diese Touristenattraktion, wahrscheinlich handelte es sich jedoch um einen „Fake", eine Reliquienlegende. Es gibt keine Belege, dass die Rüstung jemals „Junker Balthasar" gehörte. Heute kann man sie im Focke-Museum besichtigen.

Claas Störtebeker und Godeke Michels als Festspiel-Helden auf ihrer Kogge in Ralswiek

Hafen auf Wanderschaft

Häufig hört man, richtige Häfen gebe es nur am Meer, an der offenen See. Klar, das klingt überzeugend, stimmt so pauschal natürlich nicht. Häfen baut man, wo Schiffe landen können. Auf deren Größe kommt es an. Natürlich verfügten bereits die römischen Metropolen Trier, Mainz oder Köln über Häfen.

Reste großer römischer Galeeren als Wracks haben Archäologen ergraben. Manche Häfen sind heute verlandet, Flüsse versandeten, andere Häfen versanken im Meer, hinzu kam die Entwicklung zu immer größeren Schiffen.

Bremens Häfen haben eine bewegte Geschichte. Auch im Wortsinn. Denn sie wurden sogar verlegt: von der Balge an die Schlachte, über Vegesack mit einem kurzen Braker Zwischenspiel nach Bremerhaven. Als kleiner Seitenarm der Weser floss die Balge oder Balje direkt unterhalb des Marktes und des Doms vorbei. Einst ragte dessen Düne als einzige größere Erhebung aus dem sumpfigen Auengebiet mit unzähligen Rinnsalen und Inselchen hervor. Archäologen haben bei Bauarbeiten Ecke Martini-

und Wachtstraße drei kleine Wasserläufe nachgewiesen und ein Boot aus dem 9. Jahrhundert gefunden. Außerdem kamen Duckdalben zum Vorschein: in die Balge gerammte Eichenpfähle, an denen man Schiffe vertäuen konnte. Offenbar befand sich im frühen Mittelalter hier ein Ufermarkt samt Landeplatz.

Als die Stadt wuchs und die Balge langsam durch Schlick und Abfälle verlandete, für größere Schiffe zu flach und schmal wurde, machten die Koggen am Hauptstrom der Weser fest, im Bereich der heutigen Schlachte. „Slagte" hieß der Uferstreifen wegen des Einschlagens der Eichenstämme. Um Fässer und andere Ladung auf den Kai hieven zu können, benutzte man „Wuppen": hölzerne Hebel, später einen Tret- und Drehkran – Matthäus Merian hat die Situation um 1640 dokumentiert – und schließlich im 19. Jahrhundert eiserne Kräne, ein halbrundes Fundament erinnert daran. Mittlerweile hat sich die Schlachte zur Flaniermeile mit Biergärten entwickelt, der „Kajenmarkt" (den Kai entlang) gilt als schönster Flohmarkt der Stadt.

Vegesacks Hafen für Schiffe mit mehr Tiefgang wurde 1622/23 in Betrieb genommen und ist damit der älteste künstlich angelegte in Deutschland. Weil die Weser stärker versandete, die Schiffe größer wurden und sichere Liegeplätze für den Winter und Reparaturen benötigten, sah Bremen sich genötigt zu reagieren, sollten Handel und Gewinn nicht abwandern. Fortan wur-

Bremerhavens Neuer Hafen während der „Sail"

den also in Vegesack Waren umgeladen auf flache Schuten oder Pferdefuhrwerke und gelangten trotz wechselnder Herrscher – Schweden, Dänen, Kur-Hannoveraner oder Franzosen, allein der Vegesacker Hafen blieb in Bremer Hand – sicher in die Stadt. Doch die Weser versandete weiter und war mit den damaligen technischen Möglichkeiten nicht zu vertiefen. Ein Ersatz für den Hafen von Vegesack wurde nötig. Dafür bot sich Brake an, das aber auf Oldenburger Territorium lag.

Also wurde eine weitere Verlegung notwendig und Bremens Bürgermeister Johann Smidt kaufte 1827 vom Königreich Hannover 122 Hektar Land an der Nordseite der Geestemündung. Das Königreich Hannover hatte sich die Hoheit über das Gebiet vorbehalten und errichtete Fort Wilhelm zum Schutz des Alten Hafens. Seine militärische Bedeutung wurde aber eher als gering eingeschätzt: „Man behauptete allgemein, es werde das Abfeuern seiner eigenen Kanonen nicht ertragen können", berichtet Georg Bessell in seiner „Geschichte Bremerhavens". Nun hatte man zwar endlich einen eigenen Hafen mit Tiefgang, doch der lag arg weit entfernt von Bremens Kontor- und Stapelhäusern.

Ab 1887 baute Bremen deshalb einen abwärts der Schlachte gelegenen Freihafen. Inzwischen konnte man die Weser vertiefen. Das Projekt war erfolgreich, dem „Europahafen" folgten stromab weitere Becken, schließlich 1906 der „Überseehafen". Diese neuen Anlagen waren allerdings für Stückgut angelegt. Mitte der 1960er Jahre begann dann die große Zeit der Container, bis in die 1980er Jahre hatten sie den Stückgutumschlag überflügelt.

Man ahnt schon, was kommen musste. Wie praktisch, dass die Weser wieder einmal ausgebaggert werden sollte – der Schlick ließ sich nutzen, um das Hafenbecken zu verfüllen. Leicht aus der Zeit gefallen blieb vom einstigen Hafen das „Molenfeuer Überseehafen Süd" übrig. In der „Überseestadt" entstanden Wohn- und Geschäftsflächen, in ehemalige Speicher zogen Firmen und das Hafenmuseum, die Speicherbühne sowie die Hochschule für Künste Bremen ein. Der Hafenbetrieb an der Schlachte war übrigens längst zum Erliegen gekommen.

Eine gigantische Hafenanlage besonderer Art bildet schließlich der U-Boot-Bunker Valentin. Während des Zweiten Weltkrieges ließ ihn die Wehrmacht von 1943 bis März 1945 unter dem Einsatz von Zwangsarbeitern errichten, wobei Tausende ums Leben kamen. Dort sollten U-Boote gebaut werden. Das größte Rüstungsprojekt der Kriegsmarine wurde jedoch nie fertiggestellt. Nach dem Krieg überlegte man, die Trümmer zu sprengen, doch die Sprengung hätte umliegende Gebäude gefährdet. Deshalb wurde eine Gedenkstätte eingerichtet, das Mahnmal „Vernichtung durch Arbeit" vor dem Bunker versinnbildlicht das Leiden und Sterben der Häftlinge durch Unterernährung und mörderische Arbeitsbedingungen. Zwischen 1999 und 2004 wurde in einem Teil der Ruine das Theaterstück „Die letzten Tage der Menschheit" von Karl Kraus aufgeführt. Rund 40.000 Theatergäste, die auch mit dem Schiff vom Martini-Anleger an der Schlachte anreisen konnten, besuchten die Vorstellungen.

Inzwischen verteilen sich die Häfen gerecht auf Bremen und Bremerhaven, im Bereich der alten Hansestadt befinden sich der Weserhafen Hemelingen, der Neustädter Hafen, der Holz- und Fabrikhafen sowie der Industriehafen. Boote der Hafenrundfahrten legen am Martini-Anleger an der Schlachte ab. Ausgeflaggt – um im Jargon zu bleiben – in Richtung Küste nach Bremerhaven sind der „Fischereihafen" und – schließlich klingt das bedeutend moderner – die „Terminals" für Kreuzfahrer, Autos und Container.

Nahezu alle erdenklichen Produkte werden hier umgeschlagen: Salz und Heringe, Bier und Kaffee, Wein und Tabak und, und, und … Natürlich auch Passagiere. Nach Helgoland ins Zollausland schippern die „Butterdampfer" am Leuchtturm „Roter Sand" vorbei. Für Millionen Auswanderer, die vor feudalen Verhältnissen in die Freiheit der „Neuen Welt" flohen, demokratische Verhältnisse der Adelsgesellschaft vorzogen und von den Früchten ihrer Arbeit selbst profitieren wollten, war Bremerhaven die letzte europäische Station.

Rettung aus Seenot

Seit Menschen in See stechen, Handel auf fließenden Gewässern treiben, kommt es zu Havarien. Fast ebenso alt sind Versuche, den Opfern zu helfen. Bereits 1802 wurde eine erste deutsche Rettungsstation in Memel, heute Klaipėda, gegründet. Ein mit Lotsen bemanntes Rettungsboot kam in Ufernähe zum Einsatz. Mitte des 19. Jahrhunderts verunglückten jährlich rund 50 Schiffe vor den deutschen Nordseeinseln.

Häufig verhinderte das geltende Strandrecht Rettungsmaßnahmen. Entlang der Küste war es ein frommer Brauch, auf den Kanzeln für einen „gesegneten Strand" zu beten, darum, dass Schiffbrüche Strandgut an Land spülen sollten. Falls kein Seefahrer überlebte, gehörte dieses dann den Findern. Rettete sich doch einer an Land, ließ sich das Problem handfest lösen; die Absolution erteilte der Herr Pfarrer im Beichtstuhl unterhalb der Kanzel.

Unabhängig voneinander wurden 1861 in Emden, Bremerhaven und Hamburg Rettungsvereine gegründet, die ersten Rettungsstationen auf Juist und Langeoog eingerichtet. In Kiel schlossen sich diese Initiativen 1865 zur Deutschen Gesellschaft zur Rettung Schiffbrüchiger zusammen. Seit 1952 befindet sich die DGzRS-Zentrale an der Werderstraße in der Bremer Neustadt. Von dort koordiniert die Seenotleitung Bremen Rettungsversuche und betreibt die Küstenfunkstelle Bremen Rescue Radio.

Blick auf den Anlegesteg der Deutschen Gesellschaft zur Rettung Schiffbrüchiger (DGzRS) in Bremen: hinten der ausgemusterte Rettungskreuzer Vormann Leiss, vorn ein neues, über zehn Meter langes Seenotrettungsboot

Maritime Museen

Der Marathonlauf durch unterschiedliche Häfen beschert Bremen eine Vielzahl musealer Einrichtungen maritimer Art. Fest an der Schlachte vertäut liegen Museumsschiffe. Mitunter saufen sie schlicht ab, doch davon redet man nicht so gern. Bekannt ist der Segler „Alexander von Humboldt" mit seinen grünen Segeln, hier liegt er wohl endgültig vertäut.

Bremens Geschichte repräsentiert der Kogge-Nachbau „Ubena von Bremen", regelmäßig läuft sie aus in die Partnerstädte der Hanse. Die „Friedrich" ist das älteste noch betriebsfähige Schiff auf der Weser. In Hamburg 1880 gebaut, wurde sie bereits 1918 nach Bremen verkauft. Die „Weserstolz" nimmt ihre Passagiere mit auf Rundfahrten der besonderen Art: als einziger auf der Weser

Als 1962 das Wrack der Bremer Kogge entdeckt wurde, war das eine ungeheure Sensation. Die Bergung aus dem Fluss und ihre Rekonstruktion als Puzzle aus Tausenden von Einzelteilen war eine gigantische Leistung.

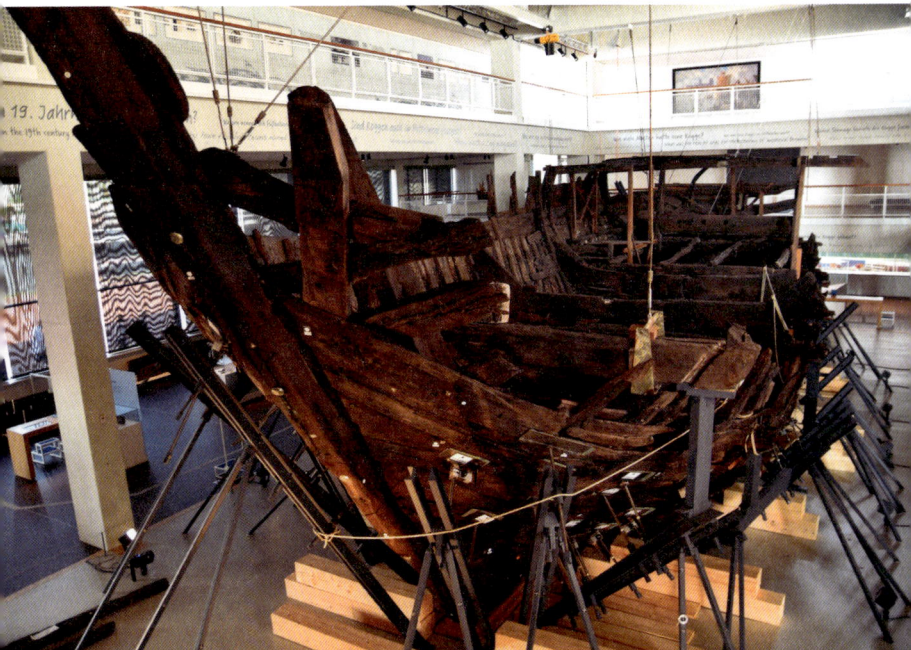

betriebener Schaufelraddampfer. Auch an Hafenrundfahrten kann man von hier aus – vom Martini-Anleger, benannt nach einer benachbarten Kirche – teilnehmen.

Am anderen Ufer der Weser, an der Werderstraße, unterhält die Deutsche Gesellschaft zur Rettung Schiffbrüchiger ihr Quartier und einen Seenotrettungskreuzer. Der ausgemusterte Kreuzer „Paul Denker" ist aufgestellt auf dem Freigelände des Focke-Museums, es verfügt natürlich auch über eine Abteilung zur Seefahrtsgeschichte. Ansehnlich – in ihrer Detailgenauigkeit und Vielfalt – ist die Flotte der Schiffsmodelle. Selten wird die Entwicklung von simplen Flusskähnen über alle Formen hochseetauglicher Segler und Raddampfer bis zu modernen Ozeanriesen so eindrucksvoll präsentiert. Gemälde und Dioramen geben genaue Einblicke in Gefahren, die damals besonders viele Opfer forderten, als Wale noch reale Chancen gegen ihre Verfolger hatten. Bremens Seefahrertradition lässt auch das Hafenmuseum Speicher XI lebendig werden. Hafenbau und Geschichte oder Entwicklungen des Warenumschlags werden hier in all ihren Facetten lebendig.

Mehr als unrühmlich benahmen sich die christlichen Missionare und Eroberer der Kolonien. Nur indirekt erinnert daran neben dem Bahnhof das Übersemuseum mit spektakulären Ausstellungsstücken, darunter im Ausstellungsbereich „Ozeanien" mit einem kunstvoll gefertigten Auslegerboot, fast so prachtvoll wie das berühmte Luf-Boot in Berlin. Die charmant-vage Ortsbezeichnung „Ozeanien" klingt unverfänglich und kaschiert im Gegensatz zu „Bismarck-Archipel", dass viele der kostbarsten Objekte ethnografischer Museen während des Kolonialismus unter mörderischen Bedingungen geraubt wurden. Hinweise auf das Schicksal etwa der chinesischen „Boxer" oder der Herero und Nama in Afrika sucht man in solchen Sammlungen meist vergebens.

Der Museumshafen in Vegesack bietet innerhalb der „Maritimen Meile" eine stattliche Sammlung schwimmender Raritäten. Rund 20 Schiffe liegen meist dort. Im Alten (Bremer) Speicher befand sich das Spicarium: ein interaktives Museum zur Schifffahrts- und Hafengeschichte.

Die „Schulschiff Deutschland" aus dem Jahr 1927 hat in Bremerhaven im Neuen Hafen ihren Liegeplatz gefunden. Zwischen ihm und der Weser liegt der Zoo am Meer, ein wohl einzigartiges Angebot: Rund 50 Tierarten leben hier auf ca. 12.000 Quadratmetern. Tiere, die überwiegend aus kälteren Regionen stammen, wie etwa Polarfüchse, Eisbären, Seehunde, Seebären und Pinguine sowie Schimpansen, Pumas und verschiedene Vogelarten – Tiere, die durch den Handel kamen. Täglich werden Pinguine, Seelöwen und Waschbären öffentlich gefüttert.

Ebenfalls am Neuen Hafen liegt das Museum Deutsches Auswandererhaus, es dokumentiert ein besonders dunkles Kapitel deutscher Sozialgeschichte. Die Weisheit der Stadtmusikanten „etwas Besseres als den Tod ..." hatte ja zu Zeiten adeliger Regime einen höchst realen Hintergrund. Mehr als sieben Millionen Auswanderer verließen von Bremerhaven aus ihre Heimat in Richtung der „Neuen Welt". Armut infolge der Lebensbedingungen unter feudalen Herrschern „von Gottes Gnaden", Leibeigenschaft, Verkauf von Landeskindern als Soldaten, drückende Steuern für Fürsten und Klerus entvölkerten ganze Regionen, zwangen die Menschen, Haus und Hof aufzugeben, ihr Heil in der Flucht zu suchen. Ruinen verlassener Dörfer, Wüstungen, kündeten noch Jahrzehnte vom Schicksal verarmter Untertanen. Neben dem Neuen Hafen waren der Alte Hafen, die Kaiserhäfen und die berühmte Colum-

Die „Grönland" unternahm 1868 die erste deutsche Nordpolar-Expedition. Im Vergleich mit dem modernen Forschungsschiff „Polarstern" wird der Mut ihrer Mannschaft deutlich.

buskaje Orte des Abschieds. Auch nach 1933 nutzten Menschen, weil sie aus religiösen und/oder politischen Gründen verfolgt wurden, die Möglichkeit, sich von hier auf dem Seeweg in Sicherheit zu bringen. Dargestellt werden auch die Einwanderung nach Deutschland und gegenwärtige Migrationsbewegungen.

Als museales Highlight unter den maritimen Angeboten sticht wie ein Leuchtturm das Deutsche Schifffahrtsmuseum hervor. Jahrzehntelang geplant gab der sensationelle Fund einer originalen Kogge den entscheidenden Anstoß, es 1975 Besuchern zu öffnen, standesgemäß mit einem Museumshafen versehen. Dort können Landratten echte Schiffe entern und Einblick in das Leben unter Deck gewinnen. Nachdem die „Seute Deern" 2019 gesunken war und abgewrackt werden musste – Bremer spötteltten: „Gefallene Mädchen" seien in Hafenstädten ja nichts Ungewöhnliches ... –, blieb die „Grönland" als ältestes heute noch segelndes Seeschiff Deutschlands der heimliche Star der Museumsflotte. Mit der „Grönland", 1867 in Norwegen gebaut, unternahm Carl Koldewey 1868 die erste deutsche Nordpolarexpedition zur Erkundung möglicher Seewege.

Am Martini-Anleger: die „Alexander von Humboldt" und die „Admiral Nelson", das „Pannekoekschip"

Stadtgeschichte en détail

Seit dem 19. Jahrhundert trugen Bürger, allen voran der Bremer Senatssyndicus Johann Focke, Anschauliches zur Stadtgeschichte zusammen. Ihre Sammlung wurde 1900 im Kreuzgang des früheren Katharinenklosters ausgestellt. Außerdem gab es seit 1884 das „Gewerbe-Museum", es präsentierte Leistungen aus allen Bereichen des Kunsthandwerks.

Nahe lag die Idee, beide Bestände zu vereinigen. Das geschah 1927, um neben historischen Objekten auch eine stilgeschichtliche Abteilung bremischer Art anbieten zu können. Im Krieg wurde das Gebäude zerstört, die Sammlungen waren ausgelagert und überdauerten.

Grabungsfunde aus dem Mittelalter bis zum Wiederaufbau nach dem Zweiten Weltkrieg – so weit reicht das Spektrum. Originale Objekte, Rolands Kopf, Kaiser und Kurfürsten vom Rathaus, Borgward-Autos, Maschinen der Silberwarenindustrie bis zum kuriosen „Complimentarius", dokumentieren exemplarisch die Entwicklung. Weil die Kaufleute ob der Quelle ihres Wohlstands als „Pfeffersäcke" verspottet wurden, waren Bre-

Das Focke-Museum bewahrt Rolands originalen Kopf.

mer Archäologen begeistert, als sie ein drei Millimeter großes Pfefferkorn aus dem Anfang des 13. Jahrhunderts bargen, den ältesten Fund dieses Gewürzes nördlich der Alpen. Im Haupthaus, dem Schaumagazin sowie den historischen Nebengebäuden bis zur Windmühle in Oberneuland werden Kultur und Entwicklung der Stadt deutlich.

Fockes Ziel war, kein Ensemble bürgerlicher Repräsentanz oder „Kuriositäten-Kabinett" zu hinterlassen, vergleichbar fürstlichen „Wunderkammern" oder gar kirchlichen Reliquiensammlungen. Bemerkenswert war seine Weitsicht, auch weniger spektakuläre Zeugnisse aufzubewahren. So nahm Focke noch während des Revolution 1918/19 ein kleines rotes Stoffbändchen auf, wie die aufständischen Arbeiter es sich als Zeichen ans Revers hefteten. Es war für ihn ein anschauliches Dokument des aktuellen politischen Geschehens, Stadtgeschichte im sprechenden Detail. Oder wie er formulierte: „Selbst der unbedeutendste Gegenstand, wie ein Rockknopf oder eine Stecknadel, wie ein Pflasterstein oder ein Gelegenheitsgedicht, kann, richtig gruppiert, zum farbigen Mosaikstein für das bremische Kulturbild werden."

Automobilgeschichte aus der Hansestadt

Meilenweit ... Kultur

Bremens Museumslandschaft ist stark von privatem Engagement geprägt. Bereits 1823 gründeten Kaufleute den „Kunstverein in Bremen" mit dem Ziel, „den Sinn für das Schöne zu verbreiten und auszubilden". Vorrangig wollte man bildende Kunst präsentieren. Dieser private Charakter hat sich erhalten, deshalb wird die Kunsthalle Bremen als einziges Museum in Deutschland mit einer umfangreichen Kunstsammlung des 14. bis 21. Jahrhunderts bis heute in privater Trägerschaft geführt.

Unweit der Kunsthalle sind Werke von Gerhard Marcks und Wilhelm Wagenfeld in die einander gegenüberliegenden Tempel des klassizistischen Torhausensembles von 1823 eingezogen und bilden einen Teil der „Kulturmeile" von der Zentralbibliothek am Wall über die Villa Ichon – ein Forum für Kultur- und Friedensarbeit – bis zum Theater am Goetheplatz.

Vorübergehend stand vor der Freitreppe zur Kunsthalle eine recht freie Interpretation, eine Parodie der üblichen Darstellungen der „Stadtmusikanten".

Weserabwärts verlängert sich die Kulturmeile ideell bis zur „Weserburg": Bremens Museum für zeitgenössische Kunst. Es befindet sich in vier früheren Speichern am Westende des Stadtwerders in Bremen auf dem „Teerhof", einer Insel zwischen der Weser und einem ihrer Seitenarme. Aus Brandschutzgründen hatte man im Mittelalter jene Spezialisten, die Schiffsrümpfe mit Werg und Teer „kalfatern" mussten, sie abdichteten, aus der Stadt verbannt.

Kenntnisse handfest erlangen

. . . .

Seefahrt und Handel begründeten Bremens Aufstieg, Häfen und Industrie bewahren ihn, Wissenschaft und Forschung sollen den Rang der Stadt auch künftig gewährleisten. Dazu dienen die Universitäten und vor allem auch öffentliche Einrichtungen, die sich an ein breiteres Publikum wenden wie das Klimahaus und das Nordsee Science Center in Bremerhaven oder das „Universum" in Bremen.

An ein Boot erinnert das Klimahaus Bremerhaven 8° Ost. Als wissenschaftliches Ausstellungshaus am Alten Hafen bietet es die Gelegenheit einer virtuellen Reise um den Globus in Nord-Süd-Richtung auf etwa der geografischen Länge des Ausgangspunktes, 8° 34' 30" östlich von Greenwich, und in der Verlängerung über den Südpol in Nordrichtung entlang des 171. bis 172. westlichen

Das „Universum"

Längengrades. Das Klima und sein Wandel sollen hier verständlich für Laien nahegebracht werden.

Neun Stationen, die unterschiedliche Klimazonen der Erde darstellen, können „Reisende" in acht Ländern auf fünf Kontinenten virtuell erleben. Dazu werden Temperatur und Luftfeuchtigkeit den örtlichen Gegebenheiten angepasst. Die Station Antarktis weist im Klimahaus eine Temperatur von ca. −6 Grad Celsius auf, die Station Niger hingegen hat eine Temperatur von rund 35 Grad Celsius. Westafrikas Regenwald bei Nacht veranschaulichen exotische Gerüche und Geräusche. Abholzung und Platzregen beobachten Besucher in der Station Aleipata auf Samoa. Aquarienfenster zeigen ein gezüchtetes Riff aus lebenden Korallen.

Inmitten des Bremer Rhododendron-Parks wurde 2003 das grüne Science Center Botanika eröffnet. In Schaugewächshäusern wandern Besucher durch eine große Vielfalt tropischer und subtropischer Rhododendren und ihrer Begleitflora und gewinnen in einem interaktiven Entdeckerzentrum Kenntnisse zur Bedeutung der biologischen Vielfalt.

An eine Kreuzung aus Wal und Muschel erinnert das Gebäude des „Universums". Mitmachen und spielerisch begreifen lautet die Devise, sinnliche Erlebnisse will es ermöglichen, um Besuchern an über 300 Exponaten naturwissenschaftliche Phänomene hautnah zu vermitteln. Initiiert von Professoren der Universität hat es sich zu einem wichtigen nicht akademischen Lernort für Schüler und Erwachsene entwickelt, die ihr Verständnis der Natur und Wissenschaft handfest vertiefen wollen.

Die Universität wurde 1971 gegründet und hat eine längere Vorgeschichte. Eine Lateinschule wurde 1584 in „Gymnasium Academicum" umbenannt. Als „Gymnasium Illustre" verfügte es 1610 über die vier klassischen Fakultäten Theologie, Jura, Medizin und Philosophie und existierte bis 1810.

Unter Napoleons Ägide plante man eine französisch-bremische Universität, nach dem Ende des Zweiten Weltkrieges 1948 sogar die Gründung einer Internationalen Universität Bremen. Als einzige deutsche war die Universität 2020 Gründungsmitglied des Netzwerks „International Universities Climate Alliance" (IUCA), eines Verbundes von 35 Universitäten, die in der Klimaforschung weltweit führend sind.

Markant ragt als Bauwerk der knapp 150 Meter hohe Fallturm der Universität auf. Als Einziger seiner Art in Europa ermöglicht er Experimente unter den Bedingungen kurzzeitiger Schwerelosigkeit: für maximal rund zehn Sekunden. Strömungsmechanik, Verbrennung, Thermodynamik, Materialforschung und Biologie können hier erforscht werden. Neben dem Konferenzraum in der Spitze des Fallturms befindet sich eine Panorama-Lounge, dort sind auch Trauungen möglich. Die Annahme, hier sei die bekannte Weisheit „Hochzeit kommt vor dem Fall" entstanden, ist nicht zu belegen.

Uni-Boulevard und Fallturm gehören zum Zentralbereich der Universität Bremen. Die 1971 eröffnete Uni zählte von 2012 bis Ende 2019 zu den deutschen Exzellenzuniversitäten.

Unerwartet grün

Bremen ist ein moderner Hafen- und Industriestandort, trotzdem aber von Grün als Farbe geprägt. Immerhin sind mehr als zwei Hektar des Stadtgebiets bewachsen mit Bäumen und Sträuchern. Flaniert man aber um die historische Altstadt auf den längst geschleiften barocken Wallanlagen, genießt man einen Grüngürtel mit Windmühle und zahlreichen Denkmälern.

Klar, das Zentrum und die Kaianlagen, Gewerbeflächen und die nach dem Krieg angelegten Stadtautobahnen bieten dem Auge wenig Reizvolles oder gar Entspannung. Das erlebt auch, wer sich mit der Bahn der City nähert. Im inneren Stadtbereich sind aber inzwischen auch die Weserufer begrünt, von dem Seitenarm Kleine Weser ganz zu schweigen. Auch aus der Vogelperspektive erkennt man überall Bäume.

Zu diesem Eindruck tragen insbesondere Bremens zahlreiche Parks bei. Seit 1866 bemüht sich der

Zahlreiche Denkmäler zieren die Wallanlagen. Direkt neben der Kunsthalle sinnt Heinrich Heine in Bronze über Leben und Kunst nach.

Bürgerparkverein darum, diese grüne Oase in der Stadt zu pflegen; alljährlich sorgt eine Lotterie neben Spenden für das nötige Kleingeld. Als größter zusammenhängender Park misst er rund 200 Hektar. Aus einer mittelalterlichen Allmende-Fläche ging die Anlage hervor, bereits 1159 gelangte sie durch einen Weidebrief in das Eigentum der Stadt. Er bescheinigt den Bremern den Besitz und belegt damit den Beginn der städtischen Nutzung. Grasten einst zwischen 800 bis 1.000 Kühe auf jener „Bürgerviehweide" von rund 450 Hektar, so ging der Viehauftrieb allmählich zurück. Im Jahr 1860 wurden gerade noch 154 Tiere hierher getrieben. Daran erinnert die bronzene Gruppe „Schweinehirt und Herde" in der Sögestraße – Söge sind Säue oder Sauen – von dem Bildhauer Peter Lehmann von 1974.

Von der Hollerallee direkt hinter der ursprünglichen Weidefläche – jetzt Hauptareal des Freimarkts – führen der Bürgerpark und anschließende Stadtwald weit hinaus in Richtung der Universität, des Block- und des Hollerlandes. Der Name erinnert daran, dass diese morastige Region im Norden und Osten Bremens einst von holländischen Siedlern im 12. Jahrhundert urbar gemacht wurde: an die „Hollerkolonisation". Torf wurde in der Gegend von Worpswede abgebaut und mit flachen Kähnen in die Stadt geschippert. Das noble „Parkhotel", das Café „emma am see", die „Meierei" im Schweizerhaus-Stil und die „Waldbühne" – erbaut als hölzerner Messepavillon einer Bremer Zigarrenfirma im Jahr 1890 – bieten Stärkungen, hat man sich auf Spielplätzen, in Ruderbooten oder beim Minigolf ausgetobt, nach dem Besuch des Tiergeheges, einem Törn mit dem Fahrgastschiffchen „Marie" oder auch, um sich vor Freilufttheater-Aufführungen und -Konzerten zu stärken.

Während der Bürgerpark mit Sichtachsen als englischer Garten angelegt ist, präsentiert sich der deutlich kleinere Rhododendron-Park mit 46 Hektar samt einer der größten Rhododendron-Sammlungen der Welt als eine Art blühendes Museum. Hier befinden sich der Botanische Garten und das Science Center Botanika sowie seit 2003 ein „Garten der Menschenrechte".

Im Frühjahr, zur Blüte, verwandeln Tausende blühender Sträucher den Park in ein außergewöhnlich prächtiges Farbenmeer der rund 600 Arten und etwa 3.500 Züchtungen von Rhododendren und Azaleen

Zahlreiche weitere Gartenanlagen, auch aus privaten Landsitzen hervorgegangen, bieten sich zur Erholung an. Bummelt man durch Schwachhausen oder Oberneuland, dann fällt auf, dass in Bremen die Marotte geschotterter Vorgärten kaum Verbreitung findet.

Die barocken Festungswälle verloren wegen der modernen Waffen ihre Bedeutung und wurden zu Beginn den 19. Jahrhunderts zu einem Englischen Garten umgestaltet.

Borgward und Co.

Dass Bremen Bier exportiert, Kaffee röstet, jahrzehntelang die Zigarrenproduktion boomte und Werften besaß – alles bestens bekannt. Kaufleute wuchern gern mit ihren Pfunden. Weniger hat sich herumgesprochen, dass es an der Weser eine Autoproduktion gab, die mit BMW und anderen Sternen am Autohimmel konkurrierte.

Prägend hat diese Entwicklung der Ingenieur Carl Friedrich Wilhelm Borgward (1890–1963) vorangetrieben, sein Konzern war in den 1950er Jahren Bremens größter Arbeitgeber. Leider ging das Unternehmen 1961 in die Insolvenz. Originelle Dreirad-Gefährte brachten das Geschäft in Fahrt, günstige Nachkriegsvehikel erlaubten den Wiederaufstieg, elegante, edle und zukunftsweisende Neukonstruktionen zeugen bis heute als heimliche Stars in Automuseen von Borgwards Talent als Konstrukteur.

Fast ebenso originell wie seine Schöpfungen entwickelte sich die Geschichte des verzweigten Firmengeflechts der Marken Borgward, Hansa, Goliath und Lloyd seit 1905. Schwächephasen wie 1918, als nach dem Ersten Weltkrieg wenig Interesse an Luxusgütern wie Autos bestand, wechselten ab mit Erfolgssträhnen, weil etwa zu Beginn des Zweiten Weltkrieges die Wehrmachtsaufträge zunahmen. Carl Borgward wurde „Wehrwirtschaftsführer" und konnte Zwangsarbeiter anfordern, um Lkws, Schützenpanzer, Torpedos und anderes Kriegsgerät günstig herstellen zu lassen.

Vor allem der „Leukoplastbomber" „Lloyd 300" – eine mit Kunstleder überzogene Holzkarosserie, angetrieben von einem Zweitakter – verkaufte sich nach 1945 gut. „Wer den Tod nicht scheut, fährt Lloyd", spöttelte die Konkurrenz. Deren Sicherheitskonzepte waren auch nicht überzeugender, denkt man nur an den Frontlader „BMW-Isetta" oder einen Messerschmitt „Kabinenroller". Maximal erreichte der „Lloyd 300" stolze 70 Kilometer pro Stunde, von 1950 bis 1952 wurden rund 18.500 Exemplare abgesetzt. Gegen Aufpreis gab es auf Wunsch sogar Stoßdämpfer! Der größere „Lloyd Alexander" (1955–1961) verfügte über den Vorzug eines von außen zugänglichen Kofferraums und versenkbarer Kurbelfenster in den Türen statt simpler Schiebefenster.

Von 1950 bis 1961 produzierte Borgward mit der „Isabella" eine Neukonstruktion mit selbsttragender Karosserie als Limousine, Kombi, Coupé und Cabrio, für den Export auch als Pick-up. Über 202.000 Exemplare fanden rasch ihre Liebhaber, auf Wunsch mit Heckflossen. Von der etwas bescheideneren „Arabella" (1959–1963) brachte Borgward mehr als 47.000 auf den Markt: elegant, sportlich und familientauglich, serienmäßig als Heckflosser, allerdings mit Kinderkrankheiten. So war der Innenraum zunächst undicht, was die Konkurrenz von „Aquabella" sprechen ließ. Erstaunlich breit war die Produktpalette bei Borgward: Vom

Borgwards Autos waren so populär, dass das Sport-Cabrio Hansa 1500 in den 1950er Jahren auf einem Zigaretten-Sammelbild erschien ...

dreirädrigen „Blitzkarren", einem kleinen Lkw, und dem „Goliath Pionier", er war 1931/32 der meistproduzierte Personenwagen Deutschlands, ebenfalls als Dreirad, ein Zweisitzer, über Spezial-Lkw für Militär und Feuerwehr sowie Reisebusse bis zu Luxus-limousinen wie dem „Borgward Hansa 2400 Pullmann" oder dem „Borgward P 100" reichte das Angebot.

… und die Isabella als Wohlfahrtsbriefmarke.

Als Wirtschaftskrimi kam das Ende: Hatte der Bremer Senat die Firma zunächst noch unterstützt, stellte man Borgward 1961 vor die Wahl, sofort in Konkurs zu gehen oder seine Unter-nehmen dem Land Bre-men zu übereignen. Ihm wurde untersagt, seine ehemaligen Firmen auch nur zu betreten. Das Land verpflichtete als Vorsitzenden des Auf-sichtsrates den Münch-ner Wirtschaftsprüfer Johannes Semler, der als Aufsichtsratsvor-sitzender von BMW dort gerade Sanierungsaufgaben wahrnahm, den Vertrag mit Borgward aufsetzte und in dieser Tätigkeit für zwei Konkurrenten keinen Interessenkonflikt zu erkennen ver-mochte.

Von „Flurbereinigung" oder „Marktwirtschaft mit Nachhilfe" und vor allem von „offenen alten Rechnungen" sprachen Kriti-ker; Borgward – hemdsärmelig, wie er auftrat – hatte nicht nur Freunde. Nach der Wiedervereinigung 1989 soll die Treuhand sich mitunter an diesem Modell orientiert haben – allein, dabei mag es sich um einen populären Irrtum handeln.

Kurzfristig sah es 2005 so aus, als ob die Marke Borgward durch einen Investor aus China neu belebt werden könne – inzwischen sind die Pläne gescheitert.

Flugzeugtrümmer
statt Kartoffeln

Seit Ende des 19. Jahrhunderts Luftfahrtpioniere wie Otto Lilien-
thal erfolgreich mit Gleitseglern abhoben, bastelten Ingenieure
an zuverlässigen Flugzeugen. So auch die Bremer Freunde Henrich
Focke, Georg Wulf und Hans Kolthoff. Sie hatten 1912 gemeinsam
das Motorflugzeug A 4 konstruiert. Seit 1909 gab es Pläne, auf
dem ehemaligen Exerzierplatz Neuenlander Feld einen „Luft-
schiffhafen" zu bauen.

Der Senat und die Garnison stimmten zu und so wurden im
Sommer 1910 Schuppen für Fluggeräte errichtet. Von Beginn an
gab es Beschwerden von Nach-
barn über Lärm und Bruch-
landungen. Landwirte klag-
ten, sie müssten häufig Flugzeugtrümmer bergen, statt
Kartoffeln ernten zu kön-
nen. Kurzfristig wurden Flüge
untersagt. Doch der Flugplatz
wurde eingerichtet und in den
1920er Jahren zum modernsten
Deutschlands erweitert, von
einem „Luftbahnhof Bremen"
schwärmte die Lokalpresse.

Dort konnten nach dem
Ersten Weltkrieg die drei Pio-
niere ihre Arbeit fortsetzen
und gründeten 1923 die Bremer Flugzeugbau AG. Mit
den Kaufleuten Otto Bern-
hard, Otto Schurig und Lud-

Fw 189 – ein Aufklärungsflugzeug für das Militär

wig Roselius gewannen sie potente Geldgeber für die „Focke-Wulf-Flugzeugbau AG". Wie ein Flug durch Unwetter liest sich die Geschichte der Fusionen und Namenswechsel. Sogar der Schiffbau war involviert. Das Unternehmen „Weser-Flugzeugbau GmbH", kurz „Weserflug", wurde im Jahr 1934 quasi als Flugsparte der Werft „AG Weser" gegründet. Auftrieb brachte 1939 der Krieg. Bis zu 28.000 Menschen – zumeist verschleppte Zwangsarbeiter – arbeiteten hier. Mehr als 5.000 Sturzkampfflugzeuge vom Typ „JU 87A", kurz „Stuka", wurden in Bremen gebaut. Unliebsame Mitarbeiter wurden aus politischen, religiösen oder angeblich „rassischen" Gründen verdrängt und verfolgt.

Im Jahr 1933 schied Henrich Focke auf äußeren Druck aus der Leitung der von ihm gegründeten Focke-Wulf AG aus, durfte aber den Bau von Drehflüglern weiterverfolgen. Als Ergebnis konnte 1936 in Bremen der erste wirklich leistungsfähige Hubschrauber abheben: ein „Fw 61". Dieses Fluggerät konnte senkrecht starten und landen, zwei Exemplare wurden gebaut. Die neue Leitung der „Focke-Wulf AG" ließ sich aber von ihrem Wert nicht überzeugen und Henrich Focke zog sich schließlich ganz aus der Firma zurück. Anerkannt als „Wehrwirtschaftsführer" konnte er eine neue Firma gründen: die Hubschrauberfabrik „Focke-Achgelis" in Ganderkesee.

Heinrich Focke 1975 mit dem Modell eines seiner ersten Hubschrauber

Weil die Deutsche Lufthansa Mitte der 1930er Jahre als führendes deutsches Luftfahrtunternehmen einen Ersatz für die robuste, aber zu kleine und technisch veraltete „Junkers Ju52" – die legendäre „Tante Ju" – benötigte, ein modernes Verkehrsflugzeug, bot „Focke-Wulf-Flugzeugbau" an, einen solchen Nachfolger zu liefern. Der im Juli 1936 vorgelegte Entwurf der „FW 200" für 26 Passagiere und vier Mann Besatzung wurde

Deutscher Doppeldecker
Focke-Wulf Fw 44 (Baujahr 1932)

im August 1936 offiziell genehmigt. Die Luftwaffe setzte im Zweiten Weltkrieg 263 Maschinen als Seeaufklärer, Fernbomber und Transportflugzeuge ein. Alle Exemplare gingen verloren oder wurden verschrottet, doch 1988 wurde ein Exemplar vor der norwegischen Küste bei Trondheim in 65 Meter Tiefe entdeckt und geborgen, um es zu restaurieren und in Berlin auszustellen.

Eine wissenschaftsgeschichtliche Sensation war es, als lange nach dem Tod von Henrich Focke in der Bremer Innenstadt sein privates Labor 1997 entdeckt wurde, niemand hatte es zwei Jahrzehnte lang betreten: der Focke-Windkanal. Hier betrieb er aerodynamische Studien und wollte Hubschrauber entwickeln. Der Flughafen hat sich längst zu einem der wichtigsten der Region gemausert und Klagen über lästige Flugzeugtrümmer sind auch verstummt. Als – norddeutsch formuliert – Leuchtturm der Bremer Flugzeugproduktion und Raumfahrtindustrie ragt heute mit seiner Space-Sparte der „Airbus"-Konzern hervor.

Schöner wohnen

**Bremens geistliche Oberhirten waren nicht vom „Bauwurmb"
befallen wie ihre Kollegen aus der Familie Schönborn, allerdings besaßen auch sie Geschmack und Geltungsbewusstsein,
ließen architektonische Kleinode errichten. Bis heute dokumentieren sie Reichtum und Macht von Stadt und Kirche sowie ihrer
Vertreter.**

Im Stil der Weserrenaissance verwöhnte ab 1619 Erzbischof Johann
Friedrich seine Geliebte Gertrud von Hermeling-Heimbruch auf
den Herrensitz Erbhof Thedinghausen. Dank seiner Ziergiebel,
seines plastischen Bauschmucks und vorspringender Risaliten
zeugt das Schloss vom Geschmack des geistlichen Don Juan. Leider liegt es etwas abseits vom Dom und der bischöflichen Residenz, es war ja als standesgemäßes Liebesnest für diskretere
Gelegenheiten gedacht.

Kurze Zeit nur unterhielt Bremen die Vredeborch (Friede-
burg) von 1407 bis 1425. Die Niederungsburg bei Atens im heutigen Nordenham sollte das friesische Gebiet von Stadland und
Butjadingen für die bremische Herrschaft sichern und als Stützpunkt zur Bekämpfung der Seeräuberei im Gebiet der Wesermündung dienen.

Als Außenstelle der geistlichen Oberherrschaft diente auch
die Burg Bederkesa, die sich von 1421 bis 1654 in bremischem
Besitz befand und in dieser Zeit beträchtlich erweitert und zu
einer kleinen Festung ausgebaut wurde, wie ein Kupferstich von
Wilhelm Dilich von 1603 bezeugt. Nachdem 1305 die erste Burg zu
Blomendal auf dem Burgberg oberhalb des Auetals während der
„Bremer Ratsfehde" zerstört wurde, errichteten die Herren von
Oumünde, Diderich von Reken und Johann von der Hude, 1354 eine
zweite Burg Blomendal. Doch warum sollte man eine Burg im Krieg
erobern, wenn man sie auch friedlich erwerben konnte? Der Bre-

mer Rat kaufte sie 1436 und verpachtete das Haus und die Landwirtschaft künftig an verdiente Ratsherren oder Bürgermeister.

Wichtig wegen ihrer militärischen Bedeutung für die Bremer Erzbischöfe war die Burg zu Hagen im Bremischen im Flusstal der Drepte. Bis heute trägt der kleine Ort diesen Zusatz im Namen, weil es einst dem Bistum gelang, ihn seinem Territorium einzuverleiben. Um ihren Kreuzzug gegen die Stedinger führen zu können, brauchten die Erzbischöfe einen Stützpunkt für Waffen und Truppen. Dafür errichteten sie ihre Burg, das „Castrum Hagen", zunächst als Fachwerkbau. Dank der nahen Wälder eignete sich die Anlage auch als Jagdschloss für die Erzbischöfe und ihren Hofstaat. Die wohl glanzvollste Zeit erlebte die Burg, als Erzbischof Heinrich von Sachsen-Lauenburg, einer der ersten protestantischen Bischöfe, hier prunkvoll 1575 Anna von Broich heiratete. Natürlich diente die Burg nach dem erfolgreichen Kreuzzug gegen die Stedinger auch zur Einnahme von Steuern. Die dafür notwendige, beeindruckend große Zehntscheune wurde leider 1948 abgerissen.

Im Burghof des Bremer Schlösschens Bederkesa wacht ...

Wenig erfolgreich war die Stadt zunächst bei dem Versuch, das Wasserschloss Schönebeck 1677 zu ersteigern, es gelangte erst 1952 in den Besitz Bremens und dient seit 1972 als Heimatmuseum. Der Landsitz „Wätjens Schloss" wurde 1858 bis 1864 im Stil englischer Tudorgotik erbaut, die Villa ist bewohnt, der Landschaftspark öffentlich zugänglich. Von der Monsilienburg bei Beverstedt, ehemals einer bremischen erzbischöflichen Burg, die in Quellen als „Castrum monsowe" erwähnt und 1212 zerstört wurde, haben sich nur Wallanlagen erhalten.

... klar, natürlich: ein Roland.

Kreuzzug an der Weser

· ·

Bremen, eine schöne Stadt in reizvoller Gegend. Nicht nur Lokal-patrioten schwärmen von Sehenswürdigkeiten, vom mensch-lichen Klima. Aber als Ort eines Kreuzzugs? Ausgehend vom „Rom des Nordens" an der Weser? Das klingt nach einem Mär-chen, einem schaurigen. Nicht Musikanten, sondern Soldaten gaben den Ton an.

Um die weitgehend versumpften, morastigen Gebiete entlang der Weser unterhalb Bremens urbar machen zu können, versprach man Siedlern zur Anerkennung ihrer Arbeit und um ihre Leistungs-bereitschaft zu steigern, als freie Bauern auf freiem Land leben zu dürfen, ihnen die üblichen Abgaben zu erlassen. Also kamen selbstständige Friesen, legten Entwässerungsgräben an und sicherten das Land durch Deiche. Aufopferungsvoll investierten Generationen von ihnen Gesundheit und Kraft, lebten zunächst unter erbärmlichen Bedingungen, bis es ihnen gelang, auf den selbst kultivierten Flächen einen gewissen Wohlstand zu erwirt-schaften.

Doch ihre Leistungen und der von ihnen geschaffene Besitz weckten Begehrlichkeiten bei Adel und Klerus. Und der besann sich auf das gottgewollte Gottesgnadentum. Um 1207 zog also ein Bremer Erzbischof mit gut bewaffneten Söldnern nach Ste-dingen, um die freien Bauern ihrer Freiheit und ihres Besitzes zu berauben, um sie zu zwingen, Zinszahlungen und seine angebliche Oberhoheit anzuerkennen. Zwar war das bischöfliche Heer gut gerüstet, allerdings kämpften damals im Erzstift Bremen gleich zwei gewählte Bischöfe um die Macht, was ihre Kraft entschieden schwächte. Die Krieger des amtierenden Bischofs unterlagen. Als sich 1219 mit Gerhard ein Erzbischof durchsetzte, der über gute Beziehungen verfügte und für die einst zugesicherte „bäuerliche

Freiheit" kein Verständnis mehr aufbringen wollte, eskalierte die Situation wieder. Er ließ von Neuem aufmarschieren, doch die kirchlichen Streiter erlitten am Weihnachtstag 1229 eine weitere bittere Niederlage.

Also berief man zu Bremen am 17. März 1230 eine Synode ein, bei der sich Zeugen fanden, die bekundeten, dass die Stedinger Bauern Sakramente und Lehren der Kirche miss- und verachteten,

Etwa an der Stelle der Gallus-Kirche fanden die Kämpfe statt. Sie wurde während der Schlacht bei Altenesch 1234 zerstört.

Geistliche quälten, Kirchen und Klöster beraubt hätten, Hostien schändeten und sogar Zauberei trieben, dem Teufel huldigten. Die übliche Litanei, wenn ein einträgliches göttliches Strafgericht verhängt werden soll.

Bremens Erzbischof wandte sich an den Vatikan. Papst Gregor IX. erließ wie gewünscht eine Ketzerurkunde, nach der die „ungläubigen Bauern auszurotten" seien und rief zum Kreuzzug gegen sie auf, versprach Ablass. Im Juni 1233 brachen Kreuzfahrer gegen die Stedinger auf, meuchelten Männer, Frauen und Kinder, verbrannten Gefangene als Ketzer. Doch die freien Bauern waren noch nicht unterworfen. Also wurden im Winter 1233/34 erneut päpstliche Verheißungen von den Kanzeln verkündet, ein weiterer Krieg gegen die Stedinger bringe sogar die gleichen himmlischen Privilegien wie ein beschwerlicher Marsch ins Heilige Land. Und zudem wurde den hoffentlich tapferen Streitern reiche Beute versprochen.

So angespornt waren die vatikanischen Krieger bei Altenesch 1234 endlich erfolgreich und in der Lage, ein blutiges Strafgericht zu veranstalten. Überlebende Bauern wurden vor die Wahl gestellt, sich zu unterwerfen oder als Ketzer behandelt zu werden. Zum Andenken an ihren Heldenmut im Kampf um ihre Freiheit wurde später ein gusseiserner Obelisk an der Landstraße 875 in Lemwerder-Altenesch errichtet: „Am 27. Mai 1234 unterlag den mächtigen Feinden das tapfere Volk."

Etwa 5.000 Menschen fielen damals dem Massaker zum Opfer. Bremens Erzbischof ließ alle Glocken läuten und befahl, künftig an jedem Sonnabend vor Himmelfahrt eine Dankmesse für den militärischen Triumph in allen Bremer Kirchen feiern zu lassen – dieser Brauch wurde immerhin rund 300 Jahre praktiziert. In Bremen-Huchting, Ortsteil Grolland, erinnern inzwischen die Bardenfleth-, Huntorp- und Tom-Dyk-Straße an die Heerführer der Stedinger und die Straße Stedingsehre an die Schlacht.

„Wie ... die Hunnen"

Weil Bremen als freie republikanische Handelsmetropole keine Erbmonarchie oder adeligen Herrscher kannte, sieht man einmal von den Erzbischöfen ab, haben auch die Hohenzollern hier kaum Spuren hinterlassen. Lediglich das Bismarck- und das umgewidmete Kolonial-Denkmal und Schaustücke dieser Epoche im „Überseemuseum" erinnern an Preußens Politik.

Kaiser Friedrich wurde ein Denkmal errichtet, auf dem er verklärt als nackter Götter-Heros der Antike posiert. Der Reiter soll an das Standbild Marc Aurels auf dem Kapitol erinnern. Heftige Debatten gab es im Senat, ob man den Kaiser unbekleidet darstellen dürfe in „Imperatorentracht". Doch offenbar gefiel Wilhelm II. diese Idealisierung. Als man ihm den Entwurf „zur allerhöchsten Genehmigung" vorlegte, urteilte er, „noch nie habe er seinen Vater so schön aufgefasst gesehen", und kam persönlich zur Enthüllung. Ein Denkmal für Kaiser Wilhelm I. vor dem Eingang zum Ratskeller auf dem Liebfrauenkirchhof wurde während des Zweiten Weltkrieges entsorgt und eingeschmolzen.

Trotzdem gelang es der Familie Hohenzollern, Bremen weltweit und nachhaltig in die Schlagzeilen zu bringen. Fotos dokumentieren, wie am 27. Juli 1900 deutsche Soldaten zackig in Reih und Glied aufmarschiert stehen und Wilhelm II. sie mit einer Rede verabschiedet. Sie stehen in Bremerhaven auf dem Kai zwischen dem Gebäude des Norddeutschen Lloyd und dem Schiff, das sie nach China bringen soll. Die genaueren Umstände sind allerdings wichtig. Chinesische Patrioten hatten versucht, sich gegen die koloniale Unterdrückung und Ausbeutung zur Wehr zu setzen, hatten dabei den deutschen Gesandten erschossen. Daraufhin beschlossen acht ausländische Kolonialmächte, die USA, Japan und sechs europäische Staaten, eine Strafexpedition.

Was Wilhelm II. bei dieser Gelegenheit zum Besten gab, ging weit über die chauvinistische Propaganda hinaus, mit der er sonst unangenehm auffiel: „Kommt ihr vor den Feind, so wird derselbe geschlagen! Pardon wird nicht gegeben! Gefangene werden nicht gemacht! Wer euch in die Hände fällt, sei euch verfallen! Wie vor tausend Jahren die Hunnen unter ihrem König Etzel sich einen Namen gemacht, der sie noch jetzt in Überlieferung und Märchen gewaltig erscheinen läßt, so möge der Name Deutscher in China auf 1.000 Jahre durch euch in einer Weise bestätigt werden, daß es niemals wieder ein Chinese wagt, einen Deutschen scheel anzusehen!"

Das war nichts weniger als eine Aufforderung zu Kriegsverbrechen, gegen die bereits 1899 vom Deutschen Reich unterzeichnete Haager Landkriegsordnung vorsätzlich zu verstoßen. Und genau so verstanden die Rede auch die Soldaten. Ein Kavallerist notierte, er habe sich von Wilhelm II. nur die Worte gemerkt: „Gefangene werden nicht gemacht, Pardon wird keinem Chinesen gegeben, der euch in die Hände fällt." Freilich entsprach das dem Geist und der Moral des Kolonialismus, Soldaten

Nach der Niederschlagung des „Boxeraufstandes": die Rache der Kolonialherren

aller beteiligten Nationen machten sich schwerer Menschenrechtsverletzungen und Kriegsverbrechen schuldig. In diesem Fall hatte sie aber ein Staatsoberhaupt „von Gottes Gnaden" dazu aufgefordert.

Weil deutsche Diplomaten die Brisanz dieser Hetzrede erkannten, veröffentlichten sie eine geschönte Variante, ähnlich wie Bismarck die Emser Depesche aus taktischen Gründen gefälscht hatte. Es existierten allerdings unabhängig voneinander mehrere stenografische Mitschriebe, die diesen Betrug aufdecken. Die Rede zeigte Wirkung, die Kolonialtruppen gingen mit äußerster Brutalität vor, schlugen den Aufstand blutig nieder, Gefangene wurden entgegen dem Kriegsrecht öffentlich auf den Straßen von Peking enthauptet, ähnlich wie später Wehrmacht und SS während des „Tausendjährigen Reichs" in den besetzten Ländern Europas mordeten. Auf jeden Fall hatte Wilhelm II. mit seinem Vergleich einen Begriff in die Welt gesetzt, der im Ersten und Zweiten Weltkrieg von den Alliierten gern aufgegriffen wurde: Für Verbrechen deutscher Truppen wurden „the huns" verantwortlich gemacht.

Bismarck und Wilhelm II. im Gespräch

Kunst und Teufel im Moor

Nordöstlich etwa 20 Kilometer vor der Stadt spielte sich im Teufelsmoor ab dem Ende des 19. Jahrhunderts ein wichtiges Kapitel der Bremer Kulturgeschichte ab. Man erreichte die Künstlerkolonie mit der Kleinbahn „Jan Reiners" oder in flachen Torfkähnen. Maler des Jugendstils, Impressionismus und Expressionismus begeisterte das Licht.

Von der vermeintlichen Idylle, ländlichen Motiven und markanten Landschaften rund um Worpswede ließen sie sich inspirieren, verklärten romantische Sehnsüchte nach bäuerlicher Naturverbundenheit und einfachem, scheinbar gesundem Leben.

Als Erster kam Fritz Mackensen 1889 und überzeugte seine Freunde Hans am Ende und Otto Modersohn, sich dauerhaft in Worpswede niederzulassen. Sie wollten die Akademiemalerei

Bernhard Hoetger entwarf das „Kaffee Worpswede", bekannter unter dem Namen „Café Verrückt" … Dahinter zeigt die „Große Kunstausstellung" Werke von Heinrich Vogeler und anderen Worpswedern.

im Studio überwinden und frei in der Natur arbeiten – wie es damals in Frankreich praktiziert wurde. Ihnen folgten 1893 Fritz Overbeck, 1894 Heinrich Vogeler und Carl Vinnen. Paula Becker, die 1901 Otto Modersohn heiratete, stieß ab 1898 zur Gruppe.

Im Jugendstil erweiterte Heinrich Vogeler 1895 den Barkenhoff und machte ihn zum Mittelpunkt der Worpsweder Künstlerbewegung. Über dem Portal auf der Ostseite ist ein Gedicht Rainer Maria Rilkes zu lesen: „Licht ist sein Loos, / ist der Herr nur das Herz und die Hand des Bau's, / mit den Linden im Land / wird auch sein Haus schattig und groß." Nach ihrer Trennung zog Martha Vogeler mit den Töchtern und ihrem Freund, dem Schriftsteller Ludwig Bäumer, in das „Haus im Schluh" – was niederdeutsch Sumpf bedeutet.

Unübersehbar hat Bernhard Hoetger hier seine Spuren hinterlassen: mit dem „Kaffee Worpswede", der „Großen Kunstschau", dem „Bonzen des Humors" und dem „Niedersachsenstein" – einem überdimensionalen Adler aus Ziegeln, geplant als Kriegerdenkmal.

Mit dem Faschismus endete die Entwicklung, weil Künstler wie Fritz Mackensen und Carl Emil Uphoff sich den Nazis anschlossen, hier im Teufelsmoor waren sie stark vertreten, während andere wie Heinrich Vogeler oder sein Schwiegersohn Gustav Regler ins Exil fliehen mussten, um ihr Leben zu retten. Bis heute lebt Worpswede von der Erinnerung an seine „große Zeit".

Bildung als Angebot

Bremens Bürger waren brave Untertanen, nicht anfällig für Aufstände. Ohne Industrie gab es kein revolutionäres Proletariat, sieht man einmal von den Zigarrenmachern ab. Doch die schufteten in Kleinstbetrieben, häufig im Familienkreis. Das waren keine guten Bedingungen, politische Forderungen zu stellen oder gar durchzusetzen.

Ein Chronist beschrieb ihre Wünsche: „ein bißchen mehr Brot, ein bißchen mehr Recht und ein bißchen mehr Menschlichkeit." Andererseits hatte man im Bürgertum das abschreckende Beispiel der Französischen Revolution vor Augen. Und erkannte, dass die sozialen Bedingungen Sprengstoff bargen: „Ohne jegliche Erziehung aufgewachsen, schon in der Kindheit durch die Arbeit stark in Anspruch genommen, im Allgemeinen nur geringe oder gar keine Schulkenntnisse besitzend, herrschte bei ihnen ein derber und rauher Ton und führte die gut bezahlte Akkordarbeit leicht zu Trunk und Kartenspiel und allerlei unsinnigen Streichen." Wie konnte man verhindern, dass die Unzufriedenen aufbegehren würden?

Deshalb gründeten der Kaufmann Johann Caspar Koop und der Redakteur Karl Theodor Andree von der der „Bremer Zeitung" 1846 den „Verein Vorwärts" als Arbeiterbildungsverein für Zigarrenmacher. Sittliche und geistige Bildung sollten gefördert werden, politische Ziele verfolgte der Verein nicht. Wollte er auch nicht. Ganz im Gegenteil. Bis heute besteht er als Turn- und Sportverein. Das historische „Haus Vorwärts" dient seit 2005 als „Haus der Wissenschaft". Dort setzt die „Wittheit zu Bremen" als wissenschaftliche Gesellschaft seit 1924 diese Tradition fort. Mehr als 90 wissenschaftliche Einrichtungen und Institutionen sowie 65 persönlich berufene Mitglieder beteiligen sich an dem gemeinsamen Vortrags- und Veranstaltungsprogramm wie beispielsweise die Bremer Ortsvereinigung der „Goethe-Gesellschaft".

Vergangenheitsentsorgung

Nach der Befreiung 1945 galt es, Weichen für die Demokratie zu stellen. War ein Neuanfang, eine „Stunde Null" überhaupt möglich? Wie andere Städte lag Bremen in Trümmern, waren die Menschen traumatisiert: Soldaten und Zivilisten, vor allem aber die Überlebenden der Shoah und des Widerstands. Wem konnten sie noch trauen?

Aus Worpswede schrieb, dort hatten nicht wenige Bremer vor den Bomben Schutz gesucht, der Schriftsteller Manfred Hausmann dem Verleger Gottfried Bermann Fischer ins Exil: „Das Volk ist heute, in seinen bürgerlichen Schichten jedenfalls, nationalsozialistischer als je. Ein hoffnungsloser Fall." Er mache den Amerikanern den Vorwurf, „daß sie viel zu nachsichtig sind". Bermann Fischer reichte den Brief an Thomas Mann weiter. Der hatte bereits von Walter von Molo eine Aufforderung zur Rückkehr erhalten: „Bitte, kommen Sie bald." Inzwischen begann in Deutschland eine rege Debatte, wer sich alles zum Widerstand oder zu einer „Inneren Emigration" in Opposition zu der Nazi-Barbarei rechnen dürfe.

Auch Frank Thieß meldete sich aus Bremen zu Wort und griff die Emigranten scharf an: Er habe nicht „aus den Logen und Parterreplätzen des Auslands der deutschen Tragödie" zugeschaut. Thieß verschweigt, dass die Emigranten, um zu überleben, fliehen mussten, unter erbärmlichen Bedingungen, und nicht wenige von ihnen dabei ihr Leben verloren. Thieß: „Ich glaube, es war schwerer, sich hier seine Persönlichkeit zu bewahren, als von drüben Botschaften an das deutsche Volk zu senden." Dieser Vorwurf war gegen Thomas Manns BBC-Sendungen „Deutsche Hörer" gerichtet. Und seine Polemik gipfelt in den Worten: „Wir erwarten dafür keine Belohnung, daß wir Deutschland nicht verließen. Es war für uns natürlich, daß wir bei ihm blieben." Frank Thieß und andere versuchten, Opfer und Täter des Faschismus falsch darzustellen, eine Verkehrung der realen Verhältnisse.

Heinrich und Thomas Mann
vor der Flucht ins Exil

Dass für Thomas Mann eine „Sommerfrische in Dachau" vorgesehen war, konnte Frank Thieß nicht wissen, dass aber beispielsweise Erich Mühsam oder Carl von Ossietzky im Dritten Reich ermordet worden waren, andere Kollegen in KZs gefoltert wurden, dürfte ihm bekannt gewesen sein. Manfred Hausmann verleumdete im „Weser Kurier" Thomas Mann, der habe „gegen seinen Willen das Dritte Reich meiden" müssen und behauptete fälschlich: „Damals wäre er also gern ins Hitlerische Deutschland zurückgekehrt. Aber er durfte es nicht." Das ließ sich angesichts vorhandener Dokumente widerlegen. Aber Vertreter der „Inneren Emigration" bastelten fleißig weiter an ihren „alternativen Fakten". Frank Thieß erinnerte sich in „Jahre des Unheils" noch 1972: „Die Engländer, die Bremen einkreisten, schossen auf Hühner, schlachteten Schweine ab, und die herumziehenden Fremdarbeiter plünderten die Dörfer aus."

Eine infame Verfälschung. Dass weder britische Soldaten noch „Fremdarbeiter" freiwillig in Bremen waren, unterschlägt Frank Thieß, ganz abgesehen davon, dass es keine Belege für diese pauschale Verleumdung gibt. Und Thomas Mann? Der hatte erlebt, dass seine Schwiegereltern dank der von Hans Globke mitformulierten „Nürnberger Rassegesetze" bis aufs Hemd ausgeplündert wurden. Im Wortsinn: Der greise Mathematikprofessor der Ludwig-Maximilians-Universität in München Alfred Pringsheim musste, als er mit seiner Frau Hedwig in letzter Minute in die Schweiz flüchten konnte, sich einer entwürdigenden Leibesvisitation unterziehen lassen, sonst hätte man beide wohl, wie Millionen anderer Deutscher auch, in Auschwitz ermordet.

Thomas Mann zog es vor, nicht in das Deutschland der Globke-Adenauer-Ära zurückzukehren, sondern verbrachte seinen Lebensabend in der Schweiz. Seine Reden „Goethe und die Demokratie" (1949) und den „Versuch über Schiller" (1955) trug er aus gutem Grund in beiden deutschen Staaten vor: in Weimar, Frankfurt/Main und Stuttgart. Natürlich wurde er deshalb in der Bonner Republik heftig angefeindet.

Möglich, aber sinnlos ...

Als kleinste ARD-Anstalt begeistert Radio Bremen die Republik immer wieder mit originellen Beiträgen. An solche Spitzenleistungen erinnern gleich zwei bronzene Denkmäler: Loriots Mops auf dem Sofa sowie sein elegant gekleideter Herr mit der Knollennase vor den Wallanlagen, einladend auf einer Parkbank.

Mit „Loriots sauberer Bildschirm" produzierte Radio Bremen 1976 die erste Folge der sechsteiligen Fernsehserie „Loriot" bei Radio Bremen, Vicco von Bülow präsentierte darin Zeichentrickfilme und gespielte Sketche. Nach dem Tod des Meisters 2011 kam bald die Idee auf, Loriot auch durch einen nach ihm zu benennenden Platz zu ehren. Allein, welcher wäre seiner würdig und nicht bereits vergeben? Bundesweit wurde über diese Loriots würdige

Direkt an den Wallanlagen hat er es sich bequem gemacht ...

Posse berichtet. Überrascht vernahmen es die Töchter, verblüfft darüber, von dieser Debatte aus den Medien zu erfahren. Sie entschieden sich für den heutigen Loriotplatz, direkt vor einem Lokal, das er einst gern besuchte. Loriot war mit dem Inhaber befreundet, der initiierte das Denkmal und übernahm auch weitgehend dessen Sponsoring. Hier sitzt Loriot nun, 200 Kilogramm, in Bronze, und kann nicht anders.

Literatur im ... Kontor?

Weimar, Frankfurt, Leipzig, Berlin, München und sogar das närrische Köln – dank Irmgard Keun und Heinrich Böll – gelten als Zentren der Literatur. Aber Bremen? Ein hanseatischer Musenhof? Schwer vorstellbar. Nüchterne Kaufmannsmentalität und Dichtung? Andererseits: Direkt am Rathaus grüßen die Stadtmusikanten.

Als zentraler Ort der Dichtung ging der Ratskeller als Wein-reiches Paradies dank Wilhelm Hauffs Fantasien und des Gottes Bacchus auf seinem Fass in die klassische Literaturgeschichte ein, nur wenige Meter tiefer neben dem Musikerquartett der Grimms.
   Neu sind die „LauschOrte" als digitales Angebot. Literarische Texte zu markanten Stätten in Bremen aus dem Netz wie den „Stadtmusikanten", der „Alexander von Humboldt" oder dem „Lichtbringer". Auf Schritt und Tritt finden sich hier belletristische Angebote und Literatur für die Ohren. Immerhin gab und gibt es wichtige Schriftsteller in und aus Bremen wie etwa den Historiker Herbert Schwarzwälder oder Friedo Lampe. Seinen ersten Roman „Am Rande der Nacht" verboten die Nazis, weitere Werke blieben unbeachtet, er „habe eben immer Pech" mit seinen Büchern, klagte Lampe. Gegen Ende des Krieges wurde er versehentlich erschossen, weil man ihn für einen SS-Mann gehalten hatte.
   Als Sohn eines Kaufmanns wurde Ludwig Georg Eduard Beurmann 1804 in Bremen geboren, verlor sein Bürgerrecht durch die Ehe mit einer Schauspielerin. Deshalb konnte er hier nicht als Advokat tätig werden. Als Schriftsteller erreichte er unter anderem mit seinen „Skizzen aus den Hansestädten" 1836 hohe Anerkennung. Wegen der liberalen Tendenzen und des freisinnigen Tons seiner Schriften wurde er der Jungdeutschen Literatur zugerechnet. In Bremen verübelte man ihm seine launigen Abrechnungen mit der Vaterstadt wie etwa: „Es findet sich in Bremen keine Kunstanstalt

von Bedeutung, das Museum ist mehr für die Unterhaltung als für die Musen", und ihn störte: die „bremisch-eingepökelte Poesie".

Friedrich Engels arbeitete zeitweilig hier: von 1838 bis 1841. Nach Studien in England setzte er seine kaufmännische Ausbildung im Kontor des Kaufmanns und Königlich-Sächsischen Konsuls Heinrich Leupold in der Martinistraße fort. Unter dem Pseudonym Friedrich Oswald publizierte Engels Essays für den „Telegraph für Deutschland" sowie für die beiden damals bekannten Zeitungen Cottas: das „Morgenblatt für gebildete Leser" und die „Augsburger Allgemeine Zeitung".

Engels Artikel zeugen von profunden Kenntnissen des kulturellen Angebots, er kannte die Buchhandlungen, musizierte in der „Bremer Sing-Academie", besuchte Theateraufführungen und Konzerte. Zu Beginn des Jahres 1841 resümierte er unter seinem Pseudonym Oswald: Es „lässt sich nicht leugnen, dass Bremen durch seine Lage und seine politischen Verhältnisse zu einem Mittelpunkte für die Bildung des nordwestlichen Deutschlands mehr als jede andre Stadt sich eignet. Gelänge es nur, zwei oder drei tüchtige Literaten hierher zu ziehen, so könnte hier ein Journal begründet werden, das den größten Einfluss auf die Kulturentwicklung Norddeutschlands hätte. Die Buchhändler Bremens haben Unternehmungsgeist genug, und ich habe es von mehreren schon aussprechen gehört, dass sie gern die nötigen Fonds hergeben und den wahrscheinlichen Schaden der ersten Jahrgänge tragen wollten. Die beste Seite Bremens ist die Musik. Es wird in wenig Städten Deutschlands so viel und so gut musiziert wie hier."

Dass diese Offerten nicht jeden vom Hocker rissen, beobachtete Friedrich Engels auch und so las man im „Morgenblatt": „Im Übrigen ist das hiesige Leben ziemlich einförmig und kleinstädtisch; die Hautevolee, d. h. die Familien der Patrizier und Geldaristokraten, sind den Sommer über auf ihren Landgütern, die Damen der mittlern Stände können sich auch in der schönen Jahreszeit nicht von ihren Teekränzchen, wo Karten gespielt und die Zunge geübt wird, losreißen, und die Kaufleute besuchen Tag für Tag das Museum, die Börsenhalle oder die Union, um über Kaffee- und Tabakspreise und den Stand der Unterhandlungen mit dem Zollverband zu sprechen; das Theater wird wenig besucht. – Eine Teilnahme an der fortlaufenden Literatur des Gesamtvaterlandes findet hier nicht statt; man ist so ziemlich der Ansicht, dass mit Goethe und Schiller die Schlusssteine in das Gewölbe der deutschen Literatur gelegt seien, und lässt allenfalls die Romantiker noch für später angebrachte Verzierungen gelten. Man ist in einem Lesezirkel abonniert, teils der Mode halber, teils um bei einem Journal bequemer Sieste halten zu können."

Immerhin war Rainer Maria Rilke zeitweilig bei Heinrich Vogeler zu Gast und äußerte sich über Bremen und Worpswede. Klaus Modick aus dem nahen Oldenburg hat mit seinem „Konzert ohne Dichter" Worpswede, Vogeler und Rilke ein literarisches Denkmal errichtet. Liebevolle Bremensien der fantasievolleren und humorigen Art galten als Spezialität von Hermann Gutmann. Jürgen Alberts setzte sich in seiner zehnbändigen Reihe mit der Bremer Polizei kritisch auseinander und veröffentliche seine „Hanseatische Trilogie": „Familienfoto", „Familiengeheimnis" und „Familiengift". In seiner Autobiografie „Wilder Mann Lauf. Mein Leben in Romanen: Wege durch den Literaturdschungel" berichtet er: „Immer, wenn ich einen neuen Roman begonnen habe, konnte ich darin versinken. Die Stunden des Schreibens waren die besten des Tages. Ein Hochgefühl, wenn etwas gelang – und keine Panik, wenn etwas misslang."

Sven Regener wurde zunächst mit seiner Band „Element of Crime" bekannt. Er singt, spielt Trompete und Gitarre, schreibt fast alle Liedtexte. Im Jahr 2001 veröffentlichte Regener seinen ersten Roman „Herr Lehmann" der gleichnamigen Serie, dem „Neue Vahr Süd", „Der kleine Bruder", „Magical Mystery oder: Die Rückkehr des Karl Schmidt" und „Wiener Straße" folgten – virtuose Schilderungen der jüngeren deutschen Geschichte um die Wiedervereinigung 1989, deren Inhalt als Film gleichermaßen erfolgreich war. Lokal- und Regionalgeschichte in all ihren Facetten leuchtet Joachim-Günther König aus. Er veröffentlichte Gedichte, Prosa, literarische Reiseführer und Sachbücher und wandte sich verstärkt politökonomischen Themen zu. Mit der Gründung der Friedo-Lampe-Gesellschaft wollte König an einen der bedeutendsten Bremer Dichter erinnern, der leider in Vergessenheit geraten ist. Ebenso zählt er zu den Gründern des „Literaturkontors".

Ist Bremen also doch ein heimlicher Hort der Literatur? Das Literaturhaus wurde in digitaler Form errichtet, im Netz werben seine Anhänger heftig für die Analogisierung – Bremen schwamm schon immer gegen den Strom. Seit seiner Gründung 1983 versteht sich das „Literaturkontor" als ein „Mittelpunkt des literarischen Lebens der Stadt". Von der Villa Ichon aus in der Kulturmeile kooperiert es mit literarischen Vereinigungen und Gruppen, unterstützt Initiativen, stößt Projekte an, bietet Schreibwerkstätten, organisiert Erstveröffentlichungen von Autorinnen und Autoren und verleiht jedes Jahr einen Autorenpreis.

Deren wichtigster und renommiertester ist der Bremer Literaturpreis. Lang und ehrenvoll – für Stadt und Preisträger – liest sich die Liste seiner Empfänger. Ein Erfolgsmodell also. Jedenfalls bis 1959. Damals weigerte sich der Senat, Günter Grass für „Die Blechtrommel" auszuzeichnen. Das Echo in den Medien kann man sich denken. Bremen wurde weltweit in den Feuilletons beachtet. Grass wird es verschmerzt haben, der Nobelpreis war ja auch nicht schlecht, zumindest besser dotiert. Für den Senat einer Handelsmetropole hat Literatur eben nicht nur etwas mit Kunst und Ästhetik zu tun, sondern offenbar auch mit Geschäften und Moral. Und deshalb trägt das „Literaturkontor" in Bremen seinen Namen völlig zu Recht. Um blamable Szenen wie diese künftig zu vermeiden, gründete der Senat die „Rudolf-Alexander-Schröder-Stiftung", benannt nach dem Bremer Übersetzer und Autor. Wegen seiner Haltung im Dritten Reich ist diese Lösung aber auch umstritten. Vielleicht sollte sich eine Regierung darauf beschränken, Kunst und Literatur finanziell zu fördern, und darauf verzichten, sie selbst zu bewerten. Die Stiftung verleiht inzwischen den Bremer Literaturpreis und den Förderpreis (seit 1977) jährlich in der oberen Halle des Rathauses.

Vorhang auf!

Klassisch oder experimentell, lustig oder spannend, gruselig gar oder en miniature als Puppentheater – es gibt wohl kein Stück, traditionell oder modern, in Erprobung oder bewährt, improvisiert oder dem Moder der Klassik entrissen, hemdsärmelig-rustikal oder gediegen, historisch angehaucht oder futuristisch umflort, das auf Bremens welt-bedeutenden Brettern nicht stets mit Vergnügen am Spiel und recht häufig zur Begeisterung des Publikums geboten wird.

Traditionell als „Platzhirsch" behauptet sich seit Jahrzehnten das große Haus am Goetheplatz mit seinen Spielstätten. Allein die Namen anderer Theater versprechen schon außergewöhnliche Auftritte. Wie der vom „Packhaustheater" im Schnoor, dem „Schnürschuh Theater", der „Schwankhalle", dem Ensemble des „bremer kriminal theater", der „SPEICHERBÜHNE", dem „Theater am Deich" oder dem fest vertäuten „Theaterschiff Bremen" auf der Weser.

Weit über Bremen hinaus hat sich die „bremer shakespeare company" seit der Spielzeit 1983/84 einen Namen gemacht, gegründet von sieben Schauspielerinnen und Schauspielern. Ihr Ziel: „Ein Theater für alle" soll den Autor Shakespeare in den Mittelpunkt künstlerischen Schaffens stellen und gleichzeitig dazu anregen, eigene Produktionen zu entwickeln. Gemeinsam bietet sie mit rund 30 Festangestellten das größte Shakespeare-Repertoire auf dem europäischen Kontinent. Im Theater am Leibnizplatz finden jährlich über 200 Veranstaltungen statt. Außerdem präsentiert die bsc bei rund 50 Gastspielen in jeder Spielzeit ihre Arbeit im gesamten deutschsprachigen Raum.

Im Dom und „umzu"

Traditionell ist Bremen eine Hochburg für Musikliebhaber. Thomas Mann könnte seine Formel „Fülle des Wohllauts" hier geprägt haben. Mit dem Vorzug, dass hier das Angebot nicht auf einen Komponisten beschränkt ist wie in Bayreuth. Zudem gilt das Angebot allen Schichten und Geschmacksrichtungen, ist kein „Gesellschafts-Event".

Dreimal ist „Bremer Recht", sagt man, drei Möglichkeiten mögen hier exemplarisch stehen. Zwei davon haben sich traditionell bewährt. Speziell Orgelkonzerte lassen sich im großartigen architektonischen Rahmen des Doms mit seiner wunderbaren Akustik ideal genießen. Genau 150 Jahre nach der Uraufführung im Bremer Dom war „Ein deutsches Requiem" von Johannes Brahms am selben Ort erneut zu hören. Begeistert feierten ihn die Bremer 1868 – und applaudierten frenetisch fast 150 Jahre später erneut. In Bremen existieren noch die alten Noten mit allen Eintragungen von Brahms.

Und dann gibt es gleich nebenan die „Glocke" auf dem ehemaligen Dom-Areal. Ende der 1920er Jahre wurde sie im Art-Déco-Stil erbaut und dabei der mittelalterliche Kreuzgang abgerissen, dafür übernahm man den Namen „Glocke" des früheren – glockenförmigen – Kapitelhauses. Berühmt ist sie wegen ihrer hervorragenden Akustik. Herbert von Karajan zählte die Glocke zu den drei besten Konzertsälen Europas und Margaret Price urteilte gar: „Die Glocke ist für Sänger der beste Saal der Welt!"

Außerdem existiert das „Metropol Theater Bremen". Mit 1.451 Sitzplätzen ist der Saal der größte freitragende Innenraum der Stadt.

Kein Restebegräbnis

Zugegeben, der rosa Brei sieht gewöhnungsbedürftig aus, ist auf den ersten Blick als genießbar schwer zu erkennen, bekommt man ihn in Restaurants auf dem Teller serviert und, um Missverständnisse zu vermeiden, beruhigend mit Messer und Gabel dekoriert. Er duftet auch recht eigen: nach Fisch, Fleisch, Roter Bete und meist süßsauer eingelegter Gurke.

Angesichts – oder besser – angeweht durch dieses Odeur de Cuisine fragen sich Gäste nicht nur aus dem Rheinland: Habe ich das schon gegessen oder steht mir das noch bevor, dampfend auf dem Teller? Doch Vorsicht: Hat man aufgehört zu fremdeln, erste Gabeln mit Genuss genommen, stellt sich leicht ein Suchtfaktor ein. Was eher aussieht wie das kulinarische Restebegräbnis einer schwäbischen Hausfrau, ist in Wirklichkeit ein norddeutsch-handfester Leckerbissen: Labskaus genannt. Eine Delikatesse, auch wenn manche Gäste sich deren Genuss mühsam erarbeiten müssen.

Entstanden ist dieses traditionelle Seemannsessen, weil hier der Smutje Bestandteile zusammen verkochte, wie man sie früher auf Segelschiffen ohne moderne Kühlgelegenheiten mitnehmen

Manche Bremer Lokale bieten vorsichtshalber sehr kleine „Probierportionen" an – nicht jeder mag sich für Labskaus begeistern lassen.

konnte: Kartoffeln, gepökelte Ochsenbrust und gesalzenen Hering mit Roter Bete als Vitaminzutat. Für die Offiziere wurden zusätzlich frische Eier in die Pfanne geschlagen – lebende Hühner ließen sich an Bord mitführen. Kenner schätzen Labskaus, der Verfasser outet sich gern: er auch. Wenn man so will, handelt es sich um die norddeutsche und – fast – bissfeste Version eines an Rhein und Mosel beliebten Cuvée.

Fast alle „Bremer" Spezialitäten kennt man entlang der Küste und im Umland, arg orthodox sind die Norddeutschen in ihren Essgewohnheiten nicht, eher liberal. Andere beliebte Bremer Gerichte sind: Kohl (Grün- oder an der Weser auch als „Braunkohl" bekannt) und Pinkel – eine herzhafte Grützwurst –, meist zusätzlich serviert mit Kasseler und Bauchspeck. Als Vorspeise wird gern eine Bremer Hochzeitssuppe gereicht: Deftig mit Eierstich, Huhn und Markklößchen sowie Suppengemüse bereitet ist sie selbst schon fast ein Hauptgericht. Bremer Knipp ist ebenfalls eine Grützwurst und ähnelt Pinkel: in der Regel aus Hafergrütze, Brühe und einer Melange aus Schweine- und Rindfleisch. Kross gebraten wird Knipp traditionell mit Bratkartoffeln und sauren Gurken sowie Apfelmus gegessen. Gebratene Stinte galten einst als Arme-Leute-Essen, heute genießt man sie in Roggenmehl ausgebacken im Frühjahr als besondere Spezialität. Bremer Aalsuppe wird in einer Fleischbrühe mit Sellerie und Lauch zubereitet.

Leckermäuler schätzen auch ein Kükenragout: zubereitet aus dem sogenannten Stubenküken – einem jungen Huhn, das nicht mehr als 200 bis 600 Gramm wiegen sollte. Ähnlich wie ein klassisches Frikassee wird es mit Spargel, Erbsen, Möhren und Champignons abgerundet. Zahlreiche weitere Zutaten wie Flusskrebsschwänze, Krabben oder Rinderzunge verfeinern es. Häufig sind auch

Hackbällchen aus Kalbfleisch, Schwarzwurzeln, Lauch und Zwiebeln enthalten. Ursprünglich als günstigerer Ersatz für Schildkrötensuppe war die Mockturtle gedacht, sie gibt es bereits seit Mitte des 18. Jahrhunderts (englisch: mock turtle soup, „unechte Schildkrötensuppe"). Statt Schildkrötenfleisch nimmt der Koch Kalbfleisch vom Kopf, mitunter Rindfleisch. Meist wird sie recht sämig serviert.

Da Bremen nicht weit hinter der Wesermündung in die Nordsee liegt, schätzen seine Bürger Salzwasserbewohner fast aller Art, besonders Krabben. Die werden auch als „Granat" bezeichnet und lassen sich in verschiedenen Varianten servieren: pur, auf Brötchen, in Suppen, Salaten oder Omeletts, mit Spiegelei und Bratkartoffeln. Früher bekam man sie frisch gekocht vom Fischkutter, pulte selbst daheim, heute werden sie meist in Nordafrika oder Polen aus ihrer Schale gelöst. Als Basis der Bremer Granatsuppe dienen gedünstete Krabbenschalen und Zwiebeln, mit Cognac abgelöscht. Die Bremer Roulade der etwas anderen Art wird aus Schollenfilets mit Krabbensauce zubereitet und mit Kartoffeln sowie gemischtem Salat als Beilage gereicht. Aus der Mode gekommen ist ein Eintopfgericht aus der Zeit der Walfänger: „Pluckte Finken". Auf See schnitt man aus Walspeck („Vinken") kleine Stücke, sogenannte „Pluckte". Dazu kamen Möhren, weiße Bohnen, gestreifter Räucherspeck, Kartoffeln, Äpfel und Birnen in den Topf. Da Walspeck mittlerweile schwer zu bekommen ist, wichen Bremer Köche auf zartes Ochsen- oder Pökelfleisch aus, doch auch diese Spezialität ist kaum noch im Angebot.

Häufiger findet man auf Speisekarten Birnen, Bohnen und Speck oder auch – je nach Dosierung der Bestandteile – Bohnen, Birnen und Speck, mundartlich auch bezeichnet als „Beer'n, Boh'n un Speck", als „Grö(ö)ner Hein", „Grönen Heini", „Gröön Hinnerk". Im Norden lässt man sich in der Küche von Nachbarn inspirieren, hinzu kommen – natürlich! – landestypische Kartoffeln. Grüne Heringe heißen nicht so, auch wenn böse Zungen das behaupten, weil nach dem Genuss der gesunde Teint schwindet, auch nicht wegen der Farbe der Fische, sondern weil ganz junge Tiere, grün noch hinter den nicht vorhandenen Ohren oder unreif, meliert und in Butter gebraten werden. Der beliebte Pannfisch war übrigens früher wirklich eine Möglichkeit, Reste zu verwerten: kross angebraten mit Kartoffeln und Senfsauce.

Als „Brot armer Leute" galt Bier traditionell, denn Bremen war im 13. Jahrhundert berühmt wegen seiner aus Hopfen gebrauten, gut lagerfähigen Biere. Obergäriges Bier avancierte zu einem allgemein verbreiteten Nahrungsmittel: „Einige leben mehr von diesem Getränk als von richtigem Essen; alle brauchen es, Männer und Frauen, Alte, Gesunde und Kranke", berichtete 1551 der Mediziner und Chronist Johann Brettschneider. Bier war nicht nur nahrhaft, sondern auch preiswert und aufgrund seines desinfizierend wirkenden Alkohols gesünder als Wasser der zunehmend verschmutzten Flüsse und Brunnen. Obwohl im 18. Jahrhundert Kaffee und Tee Bier als Alltagsgetränk ablösten, blieb der Gerstensaft dennoch ein wichtiger Trunk für viele Bürger. Kochbücher empfehlen Rezepte für Biersuppen in allerlei Variationen.

Deftig, schmackhaft, fisch- und fleischlastig: Also nur bedingt ideal für Vegetarier ist Bremens traditionelle Küche – deshalb seien hier noch ein paar Beilagen zum sogenannten „Kaffeesieren" empfohlen. Aus Bremen mischten bedeutende Importeure den weltweiten Handel auf, hier wurde der koffeinfreie Kaffee Hag entwickelt. Als regionaltypische Bremer Süßigkeiten kann man Kaffeebrot (Weißbrot geröstet mit Butter, Zucker und Zimt), Klaben (als hanseatische Version des Stollens mit höherem Fruchtanteil, aber ganzjährig) oder Kluten (Pfefferminz-Fondant zur Hälfte in dunkle Schokolade getaucht) genießen. Saisonal zu empfehlen wären schließlich als Hefegebäck unbedingt noch Schmalzkuchen: zur Osterwiese, zum Freimarkt oder auf dem Weihnachtsmarkt.

Mund-gerecht
in Bremer Art

. . . .

Bremer fallen nicht mit der Tür ins Haus, verhalten sich weniger offensiv einnehmend und verbindlich als Rheinländer, treten nicht so direkt auf, wie man es bei Franken oder Bayern erlebt, sind auch nicht mit unverkennbaren und schwer verständlichen Dialekten gesegnet wie Bewohner Sachsens oder des Ländles.

Bremer formulieren frei heraus, oft hanseatisch unterkühlt, schätzen subtile Ironie, artikulieren höflich stets und mit verhaltenem Charme ihr Anliegen. Freilich erschließt sich das häufig erst bei genauerem, bei doppeltem Hinhören. Aber dafür besitzt der Mensch ja schließlich zwei Ohren.

Nie würde der Bremer sein Gegenüber derb als deppert oder dumm bezeichnen. „Büscha nich' klug" klingt feiner und trifft den Kern der Sache – falls der Partner schlau genug ist, leise Andeutungen zu verstehen. Leicht verschliffene Laute haben sich entlang der Weser bewährt: „son büschen" hört sich doch netter an als „etwas". Und: „ich sach" nimmt dem „ich sage" seinen harten Charakter. Nettiquette demonstriert man auch, begegnen sich Bremer, bei der Begrüßung: „tach auch!" heißt hier „guten Tag!". Wobei man es mit der Tageszeit nicht so eng nimmt: „moin" oder „moin moin" kann „guten Morgen", „guten Tag" oder auch „guten Abend" bedeuten, je nach Sonnenstand.

Auf die Frage, wie es denn gehe, erwarten Bremer keine medizinische Information: „muscha" befriedigt allgemein: Es muss ja wohl (irgendwie) weitergehen. Einfach „nüddelich" waren im Schnoor Häuser und Lebensverhältnisse der „kleinen Leute" – zumindest für Bürger anderer Klassen, die sie nostalgisch verklären. „Umzu gehen" bedeutet, eine Straßenecke oder einen Häuserblock zu umrunden, ähnlich wie „um 'n Pudding gehen";

fiel dabei der Weg zu weit aus, war er „zu um". Hatte das „Kaffeesieren" gefallen, etwa im Café Tölke oder bei Knigge, geht es ans
„Betolen". Dankt die Eingeladene, eine „seute Deern" etwa, eine
„Lütte" oder „Lüttsche", ein kleines Mädchen oder der Kumpel,
wehrt der Gastgeber salopp ab: „Da nich' für …"

Als „Butenbremer" bezeichnet man Landeskinder, die aus
unverständlichen Gründen woanders leben, auch im Umland,
und das freiwillig! Im Ortsteil Buntentor wohnten viele Zigarrenmacher, vom Stampfen des Tabaks bekamen sie gelbe Beine und
so man nannte sie „Geelbeensche". Manche lebten in billigen
Stuben im Souterrain, dem „Suträng". Aufgewachsen im früheren Bauerndorf Schwachhausen, inzwischen einem geachteten
Stadtteil, hörte ich öfter den Spruch: „Lieber stark wohnen als
Schwachhausen", was unter Hanseaten einem Gipfel an Red-
seligkeit nahekam. Nach strengen Regeln wird in Bremen men-
tale Zugehörigkeit akzeptiert. Die Eltern von „Tagenbaren" müssen mindestens ebenfalls hier geboren worden sein.

Statt zu einer Feier oder Fete verabredet man sich auf 'n
„Swutsch" oder „Zwutsch", beifällig kommt man überein: „Jo, so
mook wi dat …" Dauert allerdings der Aufbruch zu lange, hört der
Säumige: „Tüddel man nich' so …" oder „Nu kom' ma' endlich inne
Puschen …" Vielleicht verteidigt der Trödler sich: „Ganz lütsches
büschen noch …" Und: „Hetz' nich'", denn: „Nütz' ja nix …" Gerät
der Aufbruch endlich in Sicht, heißt es befreit: „Denn man tau …"
Akzente setzt man an der Weser nach eigenen Regeln: Auf der ersten Silbe betont man den Werftnamen Vulkan, (ischa) Freimaak
auf der zweiten, den edlen Stadtteil Oberneuland auf der letzten.

Besonders apart können in Bremen-Land Genitive ausfallen.
Ein Freund von mir (Spitzname „Kühne") „lieh" sich den Motor-
roller eines Klassenkameraden, ohne den Besitzer („Sommer") zu
fragen, parkte das Fahrzeug leider vor einem Supermarkt sicht-
bar für die Mutter des Eigentümers. Und die wusste, dass ihr Sohn
sein Heiligtum nie freiwillig aus der Hand gegeben hätte. Dazu ein
Mitschüler: „Und dann sacht Sommer seine Olle: Was macht denn
Kühne auf mein Sohn sein Roller?"

Norddeutsche Coolness

Kälte, auch strenge, spielt die Hauptrolle in einer anderen Bremer Tradition: der „Eiswette". Seit 1828 beschäftigt Bremer Kaufleute die zeremonielle Wette, „of de Werser geiht or steiht". Oder, nicht ganz so plattdeutsch: „ob die Weser geht oder steht" – fließt oder zugefroren ist.

Ähnlich bierernst wie im Karneval wird diese Existenzfrage nach einem genau festgelegten Ritual in Kostümen geklärt. Um 12 Uhr beginnt die „Probe" am Osterdeich, ob ein 99 Pfund schwerer „Schneider" mit heißem Bügeleisen trockenen Fußes auf dem Eis die Weser überqueren kann. Beteiligt sind außer ihm die drei Könige aus dem Morgenland sowie der Notarius publicus, der Medicus publicus, der Präsident der Eiswette, das Eiswettpräsidium und Novizen. Weil meist die Weser „geiht", ist stets ein Seenotrettungskreuzer zur Stelle. Dessen Tochterboot bringt den Schneider über den Fluss. Spenden werden für die Deutsche Gesellschaft zur Rettung Schiffbrüchiger (DGzRS) gesammelt.

Ganz akkurat werden Daten wie das Gewicht des Eiswettschneiders ermittelt.

Das Quiz für echte Bremen-Kenner

1. Der weltweit bekannte „Rote Sand" ist

a) eine für Schiffe gefährliche Untiefe der Außen-Weser.

b) der Spottname für Bremens Düne unter dem Zentrum, weil die Stadt häufig von Sozialdemokraten regiert wurde.

c) ein Offshore-Leuchtturm inmitten der Deutschen Bucht.

2. Der „Roland" glänzt als

a) Bremens neuer Fernsehturm.

b) der symbolische Freiheits- und Schutzheilige der Stadt.

c) eine weit sichtbare Erhebung im Teufelsmoor.

3. Jan Reiners war

a) der erste Bürgermeister nach dem Krieg.

b) eine stillgelegte Kleinbahn.

c) ein erfolgreicher Werder-Profi.

4. Der „Bleikeller" wird so genannt, weil

a) dort einst die Dachdecker des Doms ihr Blei lagerten.

b) Bremens Bank dort ihr Gold hortet und das keiner merken soll: aus Gründen der Sicherheit.

c) in diesem Raum einst die Bürgerwehr neben der Kammer für Schießpulver ihre Kugeln aufbewahrte.

5. Die „Schlachte" gewann ihren Namen als

a) eine zentrale traditionelle Bremer Groß-Metzgerei.

b) Bremer Hafen entlang der Weser, weil dort Eichenpfähle in den Fluss gerammt wurden, um Schiffe vertäuen zu können.

c) Kampfplatz des für Bremen siegreichen „Kreuzzugs" gegen die Stedinger.

6. Werder Bremen war deutscher Meister (Stand 2022):

a) dreimal
b) viermal
c) fünfmal

7. Durch die Sögestraße trieb man einst auf die Weide:

a) Schweine
b) Schafe
c) Pferde

8. Bremens erster Hafen lag

a) an der „Weser".
b) in der „kleinen Weser".
c) entlang der „Balge".

9. Bremens „Übersee-museum" zeigt

a) völkerkundliche Exotika der Kolonialherrschaft.
b) Geschichte und Schicksale der Auswanderung.
c) Dokumente und Besitz berühmter Atlantik-Überquerer.

10. Die „Glocke" ist

a) ein modernes, interaktives Museum der Tonkunst.
b) ein Konzertsaal mit beeindruckender, von Herbert von Karajan gerühmter Akustik.
c) ein Aussichtsrestaurant an der Weser, das Schiller zu seinem bekanntesten Gedicht anregte.

11. Während eines und nach einem Ratskeller-Besuch schrieb

a) Wilhelm Grimm sein Märchen von den „Stadtmusikanten".
b) Johann Wolfgang von Goethe Szenen seines „Faust" („Auerbachs Keller" lag ideell nahe der Weser).
c) Wilhelm Hauff seine „Phantasien".

12. Carl F. W. Borgward wurde berühmt als Konstrukteur von

a) Autos.
b) Schiffen.
c) Flugzeugen.

13. Ludwig Roselius erfand

a) alkoholfreies Bier.
b) entkoffeinierten Kaffee Hag.
c) elektronische Rauchwaren und den Namen dafür: Elektro-Smog.

14. Der „Niedersachsenstein" ist

a) ein besonders nördlicher Ausläufer der Alpen.
b) eine Grenzmarkierung aus Granit, gesetzt im Auftrag Heinrichs des Löwen.
c) ein monumentales Denkmal von Bernhard Hoetger.

15. Bremens bekanntestes Theater liegt

a) an der Lessing-Allee.
b) am Goetheplatz.
c) in der Shakespeare-Straße.

Quiz-Lösungen

15. b	10. b	5. b
14. c	9. a	4. a
13. b	8. c	3. b
12. a	7. a	2. b
11. c	6. b	1. c

Zitate

. . . .

*„... Glücklich der Mann, der ... ruhig sitzt /
Im guten Ratskeller zu Bremen ..."*
(Heinrich Heine)

*„Morgen steht mir der harte Gang zu den alten Filzläusen,
den hiesigen Pastoren bevor. Da muß ich schwarze
Hosen und ein frommes Gesicht anziehen und ein
Glas schlechten Franzwein trinken. Kyrie eleison!"*
(Wilhelm Hauff)

*„... Bremen, ich muß dich nun lassen, /
O du wunderschöne Stadt, ..."*
(Carl Joachim Friedrich Ludwig von Arnim = Achim von Arnim)

*„Die Landschaft um Bremen ist außerordentlich schön ...
der hohe Himmel, das Unendliche, das alles hatte für mich
wie die Berge der Schweiz eine heimische Süßigkeit."*
(Ricarda Huch)

*„Den besten Wein im deutschen Land, / Den hat der Rath
zu Bremen, / Und daß mir der noch unbekannt, /
Erfüllt mein Herz mit Grämen. / Ach, würde mir ein Krug
zum Lohn / Vom ältesten der Fässer, / Ich sänge wie
Anakreon, / Vielleicht noch etwas besser, / Und würde
mein das ganze Fass, / So schrieb' ich eine Ilias. / ..."*
(Rudolf Baumbach)

„... diese Stadt ist echt, und echt ist selten ... "
(Joachim Ringelnatz)